「日米基軸」幻想

凋落する米国、追従する日本の未来

進藤榮一　白井 聡

詩想社
— 新書 —

「日米基軸」幻想◎目次

進藤榮一

序章　衰退するアメリカとトランプ政治のこれから

第1章

トランプ出現とアメリカ帝国の崩壊

進藤榮一
白井 聡

第3章

戦後日本の「日米基軸」論を超えて

進藤榮一
白井 聡

写真撮影／ヒロタノリト
校　　正／萩原企画

序章

衰退するアメリカとトランプ政治のこれから

進藤榮一

「大逆転する世界」へ

「トランプ大統領の当選は、パクス・アメリカーナ（アメリカ主導の世界秩序）の終焉を象徴している」。

大方の予想を覆した報に接して、トランプ勝利を早くから予測した国際アナリスト、イワン・ブレマー（ユーラシア二一研究所長）は、勝利の意味をそう喝破しました。

あれから一年有余。いま改めて氏の予測の正鵠《せいこく》さが明らかになっています。

実際、当選直後の大統領公約でトランプは、ＴＰＰ（環太平洋経済連携協定）や地球温暖化防止のパリ協定からの離脱、ＮＡＦＴＡ（北米自由貿易協定）の見直しなど、一国中心主義路線――孤立主義への回帰――を打ち出しました。

二〇一七年一月ダボス会議では、保護貿易主義を主軸にすえることを謳い上げて、アメリカが国際公共財を提供することを拒否する姿勢を明らかにしました。

それに対して中国の習近平国家主席は、自由貿易体制の維持強化こそ重要であり、中国が国際公共財に資することを強調し、自ら世界秩序維持の主要な役割を演ずる決意を明らかにしました。

米中二人の最高指導者のメッセージの違いは、単に米中逆転の現在を意味していただけではありません。冷戦終結後の「大逆転する世界」の登場を明らかにしていました。

いまや世界秩序の流れは、米国主導のパクス・アメリカーナから、中国主導のパクス・アシアーナへと変貌を遂げ始めています。

習近平国家主席は、二〇一三年カザフスタンとインドネシアで、一帯一路構想を打ち上げ、二〇一六年にはＡＩＩＢ（アジアインフラ投資銀行）を設立し、ＡＩＩＢの参加国は八〇ヵ国、一帯一路の沿線国は六〇ヵ国を超えました。自由貿易体制を基軸としながら、中国主導のグローバルなユーラシア大の国際プロジェクトの構築に乗り出し始めたのです。

しかも一帯一路構想とＡＩＩＢには、ドイツ、フランスやポーランド、ハンガリーなどＥＵ諸国や英国が不可欠の協力パートナーとして参画している事実を考えるなら、それを「ユーラシア新世紀」の登場と言い換えてもよいでしょう。

一帯一路の陸のシルクロード、いわゆる一路（ワンロード）の中欧班列（定期貨物列車）が、上海、瀋陽などの中国の諸都市からアルマトイやワルシャワを経て、ロッテルダムやロンドンまで通じていることを見るなら、そして海のシルクロード、いわゆる一帯（ワンベルト）が、ジャカルタからテヘラン、ジブチを経てアンカラ、イスタンブールに至っていることを考えるなら、アジアが、ユーラシア大陸を主舞台に、東南アジアや中央アジア、西アフリカを包摂しながら接続する、まさにユーラシア新世紀が到来しています。

その新世紀の下で、東西関係と南北関係との同時逆転が進んでいます。いわば「大逆転する世界」です。

「大逆転する世界」の出現は、すでに二〇一四年ＩＭＦ報告で明らかにされていました。実際、購買力平価（ＰＰＰ）基準ＧＤＰで中国は、一七兆六三二〇億ドルに達し、米国の一七兆四一八〇億ドルを凌ぎました。そして中国、インド、インドネシア、ロシア、トルコ、ブラジル、メキシコの新興国Ｅ７のＧＤＰ合計額、三八兆一四一〇億ドルが、先進国Ｇ７のＧＤＰ合計額、三四兆四七〇〇億ドを上回るに至っていました。

かつて世界のＧＤＰの過半を生み出していた米国は、（一九八〇年世界のＧＤＰの二％未満でしかなかった）中国に追いつかれ、二〇三〇年には実質ＧＤＰで中国が米国の二倍になり、世界最大の経済大国へと急成長します。

その意味では、トランプ登場が意味する「パクス・アメリカーナの終焉」は、単にアメリカ主導の世界秩序が終わりを告げただけではありません。中国主導の世界秩序が生まれ始めたことを意味するだけでもありません。

それは、一六世紀以来続いてきた米欧中心の〝近代〟が終焉し始めたことを意味します。広義のアジアが、広大なユーラシア大陸を主舞台に世界秩序の形成を主導する〝ポスト近代〟への静かなる序曲が奏でられ始めているのです。

その序曲、もしくは「パクス・アメリカーナの終焉」は、トランプ大統領就任一年後の二〇一七年一一月のアジア歴訪の旅から、二〇一八年冬の平昌五輪を経て、中朝会談や米朝会談などに至るまで、三様のかたちでいま、あらわになり続けています。

「パクス・アメリカーナ終焉」の予兆

第一。トランプ大統領は、アジア歴訪の旅で日、韓という極東における米国の最重要同盟国に対して、武器〝取引（ディール）〟外交に終始し、米韓共同軍事演習を強化しながら同時に、対北朝鮮向けの〝抑止力〟強化のための迎撃ミサイル兵器を売り込んでいたこと。そしてそれにもかかわらず、トランプ帰国後の一一月二九日、北朝鮮は長距離弾道ミサイルを発射し、大陸間弾道ミサイルＩＣＢＭ「火星一五」の開発に成功していたこと。

こうした事実は、日、韓が購入配備した超高額の最先端兵器群（日本は、一五年に購入済みのオスプレイ一七機に加えて、地上配備型対ミサイル防衛ステルス兵器、イージス・アショア二基、韓国は、終末高高度迎撃ミサイルＴＨＡＡＤ一台）のそれぞれの配備が、北の核兵器開発に見る〝攻撃的〟行動を押し止めるために、何の〝抑止力〟効果も持たないことを明らかにしていました。

それにもかかわらずトランプ大統領は、極東における北朝鮮の〝脅威〟に対して、覇権秩序維持国として中長期的な外交戦略を語ることは一切ありません。ただ「死の兵器商人」としてディール外交を――米韓合同軍事演習や米空母軍団の展開など一連のショック戦術を交えて展開するトランプ流外交術を――世界に見せつけるだけでした。それが、トランプ登場後のアメリカ外交の実態です。そしてわが日本政府は、そのトランプ流ディール外交を「一〇〇％支持する」というエールを、今日に至るまで送り続けます。

「死の商人」外交は、大統領就任後最初の外遊先サウジアラビアで、一一〇〇億ドル（約一二兆円）の兵器売り込みに成功していた事実と同一線上にあります。そこでもまたトランプ大統領は、エルサレムへのイスラエル首都移転を主張しながら、イランやＩＳ（イスラム国）のテロとイスラムの〝脅威〟を誇張するだけで、中東和平に向けた建設的シナリオを示すことがありません。

⦿中国主導の「新型大国間関係」

第二。トランプが、日、韓の次の訪問国、中国であらわにした米中外交の現実です。

一方で、習近平国家主席は、明、清王朝の宮殿、紫禁城を終日借り切り、トランプ夫妻を「国賓以上の最大待遇」で接遇しました。そして両国間の貿易不均衡問題の解消の一環として、米企業との総額約二五〇〇億ドル（約二八兆円）の商談を成立させ、政府間覚書に署名していました。トランプは、米国グローバル企業集団トップ二〇社のCEOを北京に引き連れていました。

ただ商談総額二五〇〇億ドルは、米国の巨大な対中貿易赤字総額と同額のものであり、その半分は、天然ガス買い付けなどエネルギー関係の商談であり、加えて実際に確定していた商談総額は八二億ドルにとどまっていました。

疑いもなくこの商談は、一方でトランプ政権下の初代国務長官ティラーソンが、全米最大のエネルギー企業、エクソンモービル社CEOを務めていたこと、他方で軍需産業を含め米国の生産業自体が「世界の工場」と化した中国からの原料や部品を抜きに成り立ち得なくなっていたこと、そのために、米国の対中経済依存関係がいまや抜き差しならない規模の領域に達していた現実を照射していました。

ここでも見えてくるのは、米中経済相互依存を軸に展開される、中国主導の「新型大国間関係」の現実です。

その意味で、その現実は、平昌五輪後の三月にトランプが、中国を中心とした海外からの、鉄鋼品とアルミ製品に異例の高関税（二五％と一〇％）をかける一方的な保護貿易措置に出た事実と同一線上にあります。

そこでもトランプは、中国の圧倒的な競争力を持つ鉄鋼製品等から来る、安全保障上の〝脅威〟を強調するだけで、自国のものづくり再生のシナリオを語ることは一切ありません。その安全保障上の〝脅威〟なるものも、中国から、米国が爆撃機や潜水艦をつくる材料として不可欠な鉄やアルミを輸入するのに高価格で輸入せざるを得ないため、その分、米国の安全保障が棄損しているという米国流〝安全保障〟の論理、つまりは非論理から成り立っているのです。

この非論理から見えてくるのは、第一に、衰退するアメリカ産業の現実と中国経済の圧倒的強さです。第二に、トランプの保護貿易措置が遅かれ早かれ破綻せざるを得なくなる現実です。

◉アジア重心戦略からの撤退

第三。最後の訪問国ベトナムとフィリピンでトランプは、かつてオバマ政権が打ち出した「アジア重心戦略」からの撤退を明らかにしていた現実です。

実際、ＡＰＥＣダナン会議にトランプは事実上参加せず、東アジアサミット（ＥＡＳ）には会議開催前に帰国し、ＡＳＥＡＮ諸国への関心の低さをあらわにしていました。

ちなみに二〇一一年オバマ政権下で米国は、「アジア軸足移動」戦略へ転換し東アジアサミットにロシアと共に新規参入しました。同時に米国はＴＰＰに自ら参画し、日本のＴＰＰ参加をも強く要請しました。そして日本の市場と参入を射程に入れて、米国グローバル企業主導の市場ルールの策定を、米国内の民主党や市民運動の反対を切り崩しながら推し進めていました。

しかしトランプ政権発足早々、米国はＴＰＰ離脱を表明しただけでなく、政権発足最初の東アジアサミット参加すら見送る挙に出ていたのです。

ここでもまた、一国中心主義的な孤立主義への転換です。そこから見えてくるのは、アメリカがもはや、世界秩序の担い手として積極的に機能する意思も能力も有していない現実です。世界秩序の担い手は、ユーラシア新世紀の到来下、米国から中国へと、確実に転移し始めていたのです。

世界秩序の基軸が、欧米世界からアジア世界へと転移し始めた現実は、東アジア域内一三ヵ国（ASEAN一〇ヵ国+日・中・韓）の世界貿易総額に占める比重の圧倒的増大によって実証できます。

すなわち、一九八〇年に域内貿易総額が六二〇億ドルでしかなかったのに、二〇一五年に二兆一一二五億ドルへ三四倍増し、世界貿易に占める比率を一五%から二五%へとほぼ倍増させているのです。

北朝鮮危機の行方

衰退するアメリカの現実と、トランプ外交の無力さは、北朝鮮危機に焦点を当てて見たとき、いっそうあらわになります。

周知のように北朝鮮は、トランプ政権発足を待つかのように、対米核攻撃戦力の開発強化を推し進め、それを誇示します。いったい北の挑発的とも見える行動は何を意味しているのか。

ここで私たちは、以下の現実を見据えておかなくてはなりません。

第一。北朝鮮による長距離弾道ミサイル開発は、現存体制存続のためであり、日本や韓国を攻撃するためではけっしてない現実です。

金正恩政権が恐れるのは、二〇〇三年サダム・フセイン体制崩壊や、二〇一一年経済開放体制下でのカダフィ体制倒壊とカダフィ自身の殺戮の前例であり、二〇一四年に始まるシリア・アサド体制崩壊の前例です。米国製ドローン兵器や地中貫通爆弾による〝独裁者斬首〟作戦への恐怖です。

北朝鮮は、米本土を核攻撃できる軍事力を自ら入手することによって、米国の北朝鮮攻撃と体制倒壊を押し止める対米抑止力を手にできるからです。

⦿機能しない経済制裁

第二。米欧諸国が、たとえ北朝鮮の体制変革や非核化を強要するために制裁を課しても、けっして機能しない現実です。

実際、一九五九年革命以来のキューバ、七九年ホメイニ革命以来のイラン、九七年以来軍政クーデター以後のミャンマー、二〇一四年ウクライナ侵攻以来のロシア、のそれぞれに対して、米欧諸国は、厳しい制裁を課し続けていますが、事実上機能しません。経済相互依存が深化した二〇世紀後半以後、制裁の網の目は綻びざるを得ないのです。

しかも米国が〝史上最も長い戦争〟を中東で戦い続けながら収束の目途すら立たない状況にあって、（中東と極東の双方で）二正面作戦を展開し「第二の朝鮮戦争」を戦うことができません。北の非核化を軍事〝圧力〟によって実現できる〝ディール〟は成り立ち得ないのです。

第三。たとえ中小国が核兵器を開発し保持するに至っても、中小国の核、いわゆる〝第二世代〟核兵器は、核大国にとって脅威にはなり得ないという現実です。

確かに中小国の核兵器は、米露英仏中の五大国による核不拡散体制に亀裂を入れ、軍拡レースを加速させる可能性はあります。しかし二一世紀情報革命下で高度に軍事化され相互依存化された冷戦後世界で、第二世代核兵器は、それ自体軍事的脅威として機能しません。既存核大国の強力で多様な軍事力と中小国の貧弱な軍事力との差は、あまりにも大きすぎるからです。

脅威が真に現実化するならそれは、大国が中小国の〝体制保障〟を拒んで、その脅威を過大評価し、同盟諸国が、いわばハーメルンの笛に踊らされて、巨額の兵器を買い込んで軍拡レースを加速させていく場合です。そのとき、第二世代の核兵器が持つ潜在的脅威が顕在化します。

◉中朝首脳会談へ

第四。加えて米国が、日韓と共同軍事演習をどれだけ繰り返し、北に圧力をかけ続けても、極東の軍事大国、中国とロシアは、「第二の朝鮮戦争」の再発をけっして容認せず、その再発防止に本源的利益を共有している現実です。

朝鮮戦争の再発は、数百万単位の難民を流出させます。その展開を中露両大国は、韓国や北朝鮮とともに危惧し、朝鮮問題の外交による平和的解決を最優先させます。

かくして南北和平会談のシナリオが、平昌五輪を機に、南北朝鮮双方から描かれ始めます。それは、北朝鮮〝ほほえみ外交〟に韓国文政権が籠絡《ろうらく》されたという比喩に矮小化できるものではありません。南北双方が描くのは、「分断ドイツ」統一を促した〝東方外交〟の歴史に倣う「分断朝鮮」統一のシナリオなのです。

しかもそのシナリオを、トランプ外交の陰の指南役、キッシンジャー氏が、『ウォールストリート・ジャーナル』（二〇一七年八月三〇日）紙上で献策していました。

かつて氏は、中国が一九六四年ＩＣＢＭ開発に成功してから五年後に、米中国交回復に着手すべきことをニクソン大統領に献策し、大統領特別補佐官として動き始めました。そのときと同じようなシナリオを、トランプ大統領に献策していたのです。すなわち、北の核開発能力の保有と北の現存体制を認めながら、南北両朝鮮の共生体制を構築し、それを中、米、露が保証していくというシナリオです。朝鮮半島の緊張緩和をもたらす平和のプラグマティズムです。

そしていま、冷戦後三度目の南北首脳会談が開かれたあと、史上初の米朝会談が一八年六月に開催され、トランプ政権の保障を得ながら、中、露がそれを保障する――。新しい東アジアへの国際秩序の幕が開かれようとしています。その幕開けが、一八年三月、金正恩夫妻の北京への電撃的訪問であり、中韓首脳会談開催によって記されます。東アジア平和のプラグマティズムです。

トランプ政治のこれから

もちろんトランプのアメリカが、この平和のプラグマティズムを拒み続ける可能性を、私たちは視野に入れておかなくてはなりません。

ちょうど米国国内で（年間一〇〇〇人近い銃犠牲者を出しながらも）銃規制を拒んで、内なる市民社会の安寧を損ね続けるのと、同じ類の〝利権〟の構造と論理によって、トランプのアメリカが、国際的な軍備規制と兵器削減を拒みながら、一国中心主義によって、外なる市民社会の安全と繁栄を削ぎ続けていく構造です。その構造と論理によって、朝鮮半島の非核安定化の道を閉ざす揺り戻しの動きです。その動きが、米国務長官職の交代人事に予兆されていたと見ることもできます。すなわち、実務家ハト派長官ティラーソンから、タカ派CIA長官ポンペオへの交代です。国際協調派マクマスター大統領特別補佐官から、ネオコンの元国連大使ボルトンへの交代です。

それ以前、二〇一七年末にトランプ政権は、政権初の「国家安全保障戦略」を出し、ロシアと中国を「修正主義国家」として、イランと北朝鮮を「ならず者国家」として、各々位置付け直します。そして一八年二月「核態勢見直し」（NPR）で、小型核兵器の実戦開発と核戦力強化を謳います。民生強化でなく軍備強化に向かう〝利権〟の構造と論理をあらわにしています。

確かにトランプ登場を可能にしたのは、アパラチア山脈西側の荒廃した〝鉄さび地帯（ラストベルト）〟――いわゆる「トランプ王国」――の民衆の熱烈な支持でした。その支援は、トランプ政権発足一年半後の今日もなお続き、トランプ支持率三十数％の核をつくり上げています。いわゆる「トランプ革命」を生み出した白人貧困層の支持です。既得権益層に貢献するだけの首都ワシントン流政治のC（キャピタル）と、マネーゲームで巨万の富を稼ぐカジノ流資本主義のC（キャピタル）という「二つのC」に対する〝大衆の反逆〟です。その反逆が生み支える「トランプ革命」です。

◉「裏切られた革命」

しかし革命の理念は、しばしば革命達成後に裏切られ、忘却されていきます。その歴史の先例を私たちは、ちょうど一〇〇年前のロシア革命に見ることができます。

あのとき、数百、数千万のロシアの貧農と労働者たちが、衰退する帝国の特権階級に反逆し、レーニンの指導下に革命を成し遂げたにもかかわらず、レーニン亡きあとの政治指導者たちは民衆の要請に応えず、革命の理念を裏切り続けました。歴史家ドイッチャーのいう「裏切られた革命」の進展です。

その歴史になぞらえるなら、いま「トランプ王国」の情念にもかかわらず、トランプ自身と彼を取り巻く特権階級は、民衆の要請に応えることもなく、ものづくり再生のシナリオを描くこともしません。重武装化と軍事同盟の論理と〝利権〟構造のなかで、その論理と構造を深化させ、「裏切られた革命」の現実を進めます。

その現実は、トランプ政権を陰で支えて進める権力核の中枢「三つのG」の構造的帰結です。

ゴールドマン・サックス、すなわち金融資本家たちのG。ギャジリオネア、すなわち兆万長者たちのG。ジェネラルズ、すなわち高級軍人たちのGです。彼ら三つのGの特権階級が、強固な新型「軍産官学複合体国家」を形成して、帝国の再生ではなく終焉を促し続けるのです。

その終焉が、高額所得層のための税制改悪と、貧困層をさらに窮乏化させるオバマケア（医療改革制度）改悪によって促されます。そして帝国の終焉が、軍事緊張を煽るタカ派外交や、史上最大の軍事予算増額を計上し続けるトランプ政権下での新年度予算に促されます。

そこから改めて見えてくるのは、トランプ政権下で進む「パクス・アメリカーナの終焉」です。その終焉を促す、民生軽視型の政治であり、重武装化にまぶされた外交です。同盟国に膨大な先端兵器群を輸出し、世界中に軍事基地を維持強化させながら、中東で「史上最も長くて汚い戦争」を戦い続ける現実です。

⦿三つのシナリオ

そのとき改めてトランプ政権の近未来について三つのシナリオを描くことができます。

第一。政権内人事交代と政府内人事停滞とによって政権運営が内外で滞り、一国中心的孤立主義外交が国内各層の反発を昂《こう》じさせて、二〇一八年中間選挙で民主党に敗北し、大統領一期で退陣を余儀なくされるシナリオです。

第二。逆に、対外強硬策と軍産複合体重視政策と金持ち優遇政策を展開しながらも、二〇一八年中間選挙を戦い抜いて、二〇二〇年の大統領選挙で共和党勝利につなげるシナリオです。

第三。あるいは、一九七〇年代にニクソン政権がウォーターゲート事件で弾劾され任期半ばの辞任を余儀なくされたように、半世紀後のいまロシアゲート事件でトランプ大統領が任期半ばの辞任を余儀なくされるシナリオです。

確かなことは、これら三つのシナリオのいずれが現実になろうとも、ともに「黄昏の帝国」が終焉の時を早めていくことです。

その意味でトランプのアメリカは、単に「パクス・アメリカーナの終焉」だけでなく、「大逆転する世界」の台頭をも促し続けていくのです。その台頭のなかで「一帯一路」構想が進展し、ユーラシア新世紀が登場します。そしてポスト「近代」が、ゆっくりと幕を開けていきます。

そのとき改めて問い直されるのは、「パクス・アメリカーナ」に寄り添う日米安保論と日米同盟基軸論の持つ有意性です。その問い直しを、以下三つの章で、気鋭の政治思想史家、白井聡氏との対論によって明らかにします。

第1章

トランプ出現とアメリカ帝国の崩壊

進藤榮一
白井 聡

東アジアに残る冷戦構造と北朝鮮問題で垣間見えたアメリカの限界

白井　北朝鮮の核開発、ミサイル発射でこれだけ日本中が大騒ぎになるなかで、改めて実感しているのが、結局僕らの運命というのは何によって握られているのかということです。トランプさんが何をするのかよくわかりませんが、また彼自身が決めるのかどうかもよくわからないのですが、とにかくこうだと決めてしまったら、もう僕らとしてはどうしようもないわけです。あとはせいぜい祈るぐらいしかできない。内田樹さんは「属国の哀しみ」と書いておられましたが、そのような非常に厳しい現実に置かれているのだということを、改めて実感しているのですが、なぜそのようなことになってしまっているのか。

結局、東アジアにおける米軍駐留というものが、日本を含めたアメリカ陣営にとっては、とても頼りになるという感覚に支持されて続けてきたわけです。しかし、それは同時にアメリカによって支配されている状況でもあり、また同時に、それに依存してきたとも言えます。被支配と依存によって私たちの主体性が失われ、主体性がないものだから、この東アジアにおける冷戦構造の残存という状況を解消できていないのです。

この間、ヨーロッパではもうとっくに冷戦構造が終わったのに、東アジアではそれは残存し続けてきた。それを日本を含め東アジアの諸国民がどれだけ主体的に終わらせようとしてきたかというと、やはりきわめて大きな疑問符が付くと私は思います。つまりいま、どうやってアジア諸国民が政治的能動性を獲得していくのかということが、改めて私たち自身に突きつけられているのだと思います。

進藤　つまりアジアの運命、とりわけ日本の命運がアメリカによって支配されている。アメリカに依存してきたがために、アメリカによって握られているという現実ですね。

しかし見方を変えると、今回の北朝鮮の動きと、それに対するアメリカの軍事動向、トランプ政権の対応を見ると、そこにアメリカの力の限界が露呈し始めていると私は見ています。

いつでも北に対して叩くことができると、アメリカは誇示したのですが、アメリカは結局、北を攻撃できないと私は見てきました。冷戦が終わって二七年、四半世紀にわたってアメリカがとり続けたのは斬首作戦です。白井さんが『永続敗戦論』を書く契機になったというレーニン像の引き倒し、あれをまずイラクでやった。イラクのサダム・フセイン像を倒させて、それから次々にカラー革命を起こしていくわけです。二〇〇三年、グルジアでシュワルナゼを引き倒し、次はウクライナでオレンジ革命を起こした。

そしてその延長上に今度はアラブの春。これも誰がどう引き起こしたのかというところは非常に疑問符が付きますが、次はリビア。カダフィのリビアに兵を向けて、内戦を引き起こしていくわけです。つまりアメリカが、冷戦後の四半世紀にわたってやったことは、NATOを東方に拡大させ、そして退役した職業軍人たちを利用しながら、CIAを使い、それから戦場という職場を失ったアメリカの軍人たちに新たな戦場をつくることをずっとやり続けたわけです。コソボやソマリアも同様で、一連の内戦を引き起こし、戦場をつくり出し、独裁者の首をはね、独裁者の像を倒します。そしてデモクラティゼーション、民主化を実現していくという、民主化政策を続けてきました。

しかしその結果、アメリカの斬首作戦とグローバル民主化政策がいったいどこまで成功したのかというと、逆にアメリカはそれで墓穴を掘り続けてきたというのが私の見方なのです。大米帝国の没落をもたらしたのだと、私は考えています。

それにもかかわらず、トランプは北朝鮮に制裁をすると言っていますが、北の場合には実際に爆撃したシリアと状況がまったく違います。北朝鮮は韓国と国境を接していて、応分の兵器もあるし、対抗兵力もある。もしアメリカが一斉に空爆で金正恩の首を斬ろうと思っても、北朝鮮はやろうと思えば即座にソウルを火の海にすることできる。これでは韓国は、アメリカに北への攻撃の許可を出さないはずで、このハードルはなかなか越えられないと私は考えています。

また、巨龍中国と核大国ロシアが北朝鮮を支援しているということも、アメリカにとってもう一つのハードルと言えます。中国はいま国連中心主義ですし、米中関係を軸に考えてトランプ政権とつき合おうとしていますから、その意味で習近平も応分の協力の姿勢は示しました。一斉に三八度線沿いに人民解放軍を移したという情報も出ています。

ロシアは、北朝鮮の北東端の羅津《ラジン》・先鋒《ソンボン》からウラジオストクに至る新航路を開設し、例の万景峰《マンギョンボン》号をそこに持ってきているわけです。一九七一年から二〇〇六年まで、北朝鮮・新潟間を往来していた日朝交流を象徴する貨客船です。

しかもロシア軍がもう動き始めているという情報もある。となると、下手なことをアメリカがやると、ロシア、中国が何らかの行動を起こさない訳はありません。逆に北朝鮮の人々が、中朝間の国境を越えて中国へ逃げてくると、そこで大変な混乱が起きるでしょう。

ちょうど現在のシリアからの難民問題と似た状況になるわけです。この二つのハードルを、アメリカは越えられないと私は見ています。

となると、すなわちそれはアメリカの力の限界ではないかと思うのです。われわれは確かに白井さんが強調しておられるように、心理構造において世界像のなかでアメリカの巨大な力というイメージを持っていて、いつでもアメリカが助けてくれるという認識を持っている。しかも虚構の北朝鮮脅威論、虚構の中国脅威論を思い込まされているところがある。つまり中国が潜在的に、いつ沖縄に攻めてくるかもわからない、尖閣を取られるかもしれないと考え、自衛隊兵力一万五〇〇〇人を先島に集中させて、そこに日本の防衛艦や護衛艦を配備しているわけです。

それで軍事費を、対GDP比一%枠を超えて増やし続け、さまざまなかたちで兵器産業の輸出等を許可し、日本の軍需産業界は大喜びの状況にあるわけです。軍産の利益と脅威論とがうまくミックスしていて、日本の防衛は結局アメリカに依存せざるを得ないという、日米基軸論がまことしやかに言われています。これを疑う人は一〇〇人に一人ぐらい。白井さんと私ぐらいしかいない状況じゃないかと私は思います（笑）。

つまりその心理構造、対米従属の世界像自体が、災いしていると思っています。

日本外交はまた、米中関係を見誤るのか

進藤　先ごろ、中国が遼寧号に次ぐ第二隻目の空母を進水させたというニュースがありました。しかし、いつから運用するのかといったら、二〇二〇年以後です。つまりこれから二、三年後なのです。にもかかわらず、中国の海洋大国への準備が着々と始まっていると、朝日新聞も大きく報じていたし、毎日新聞でも記事になっていました。

しかし日本側にとって、中国のこの二隻の空母がどれだけの脅威かと言えば、ほとんど軍事的に意味を持たないと考えていいと私は思います。なぜなら、アメリカは空母を一二隻持ち、しかもそれがすべて原子力空母です。原子力空母は、三ヵ月航行し続けることができます。空母自体のスケールも、中国のそれとはまったく違います。原子力空母カール・ヴィンソンの映像がよく日本のテレビニュースで流れましたが、あれは巨大軍事基地が一つ動いているようなものです。ところが中国の空母など、その一〇〇分の一程度の力

しかありません。しかもディーゼル駆動の空母ですよ。アメリカの空母はまさに世界を支配するための大米帝国の「動く軍事基地」として世界中を徘徊しているわけです。

そういったことを正確にとらえずに大手メディアは、中国空母脅威論を、ここ数年、特にかつてウクライナから買い取って観光船にしていた空母を遼寧号に改修し始めたころから、喧伝し続けています。しかしメディアは、こういった事実関係をきちっと押さえてから報じるべきです。いたずらに中国脅威論に踊らされるのではなく、その背後で何が行われているかということを見るべきです。特に、トランプ政権がこれからどんな中国政策を展開するのかという点に目を向けるべきです。トランプの娘、イヴァンカは大変な親中派で、二〇一六年の夏休みをスペインで共に過ごした女友達も中国人です。イヴァンカの娘のアラベラちゃんが旧正月に中国服を着て、中国の漢詩を唄った映像は大変な人気で、中国国内でも話題になりました。またトランプタワー一一階から上のスリーフロアには、中国最大の銀行、中国工商銀行が入っています。

しかもトランプ政権の陰のアドバイザーであるキッシンジャーは、九二歳だというのに、トランプが当選したその日に極秘旅行で北京に入り、習近平たちと会っている。米中関係がこれからの外交の基軸になるということはトランプの側近たちも言っている。表ではやり合うこともある米中ですが、裏ではしっかりと手を握っていると見たほうがいいでしょう。

一方、そのような状況にあっても、日本だけが対中脅威論に踊り踊らされ、アメリカの軍需産業を助けながら、同時に安倍政権もそれで得をし、「国難来る」を合言葉に解散選挙に打って出て、与党三分の二の多数を獲得し、日本の大手産業界も大喜びするという状況になっているのです。

白井　いま大手メディアの話が出ましたが、たとえば朝日新聞にも一貫性を欠いた部分があります。野嶋剛さんという元朝日新聞の方の本を読んでいると、記者時代に台湾に留学をしに行こうとする話が出てきます。ほとんど留学が本決まりになったところで、上司から「おまえ、本気で行くつもりか」と言って止められ、諦めて中国の本土のほうに行くことになるのです。

なぜ、そのようなことになったのかというと、日中国交回復のときに付帯的に結ばれた条約として、日中記者交換協定というものがあって、要するにそれは台湾に深入りしてくれるなという話です。それを気にして、「おまえ、台湾なんか行くな」ということになったらしいのですが、でもそんなもの結ばれたのはもう何年も前のことですし、それも大物記者が行くのだったらともかく、当時の野嶋氏は一介の若い記者ですから、大新聞とはいえ、中国が大騒ぎするような話ではなかったでしょう。しかしそこが、大新聞の官僚主義でもあり、そのような対応をしたのでしょう。

その一方で、いまや進藤先生がご指摘のように、バランスを欠いた報道を中国の軍事に関してしているとすれば、以前の姿勢とは一貫していません。かつての朝日新聞は、自分たちの親中派イメージをつくりたがっていたのでしょうか。そうだとすれば、そのような特定の姿勢は報道機関として問題がありますし、しかもそれならそうと一貫するならばそれなりのものですが、いまは結局ブレブレになっているというわけですね。

進藤　日本のメディアや、いわゆる中国研究者たちの多くは、良かれ悪しかれ正確な中国観を持っていないと疑うことが、近年特に多い。かつてのソ連専門家の場合もそうでしたが、共産圏諸国の地域専門家に特有の「視野狭窄症」に陥っているのではないか。

随分昔のことですが、一九七〇年、私がプリンストン大学で研究員をしていたとき、当時日本で中国外交の第一人者といわれ、外務省顧問もしていらした衞藤瀋吉先生が客員教授でいらして、一緒に話す機会がよくありました。先生の帰国直前に最後のランチを御一緒したときの会話をいまでもよく思い出します。先生は、「中国を承認してはダメだ」って私に言うのです。「なぜですか」と聞くと、「中国の直接侵略はないかもしれないが、間接侵略の危険がある。間接侵略とは日本国内の親中派と結託して、中国の情報機関等と手を結んで、日本の体制転換を図ろうとする動きだ」と大まじめに説くのです。

それからひと月後ですよ。一九七一年七月、キッシンジャーが中国に飛んで、米中が和解したのは。私は早速に古巣のワシントンDCに戻りました。日本大使館はてんやわんやでした。新聞記者の友人から、実はそれ以前、春ごろからですが、もうすぐ米中が和解しそうだというのを私自身聞いていました。西海岸の小麦業者たちや貿易業者たちは、色めき立っているというのです。

白井　すごい話ですね。中国についてわかってないだけでなく、アメリカで何が起きているのかもまったくわかっていない。かつ、中国のスパイと日本の密通者による体制転覆の動きがあると断言するからには、日本国内でそのような動きが確固としてなければなりませんが、その先生の脳内にあったにすぎないでしょう。しかし、商売をやっている人たちの動きを見れば、何が本当なのかよくわかる、と。販路を広げる機会だということですからね。

進藤　最大の小麦市場ですからね。当時中国の人口はいまの半分程度、六億五〇〇〇万人ですが、それでも巨大な市場に変わりありませんでした。

このような中国とアメリカの動きを見誤った日本外交の歴史があり、いままた同じ誤りを日本は犯していると私は思います。だからその意味でも、情報と知の検証を繰り返しやっていかなければならないと考えます。いったい何が現実で、トランプショック後の世界がどう変わるのかを、現実の世界像の変化のなかで確認し続けなければいけないところに、いま私たちはいるのです。

ローマ帝国とだぶるアメリカ帝国衰退の兆し

進藤　トランプ大統領に関する報道や評論が日本社会に氾濫していますが、私がここで強調したいのは、トランプ出現の歴史的な意味、なぜいまトランプが出てきたのかということを正確に押さえなければ、私たちの知のポジションは揺らぎ続けるだろうということです。

私は最近刊の『アメリカ帝国の終焉』のまえがきで、アメリカに向かう飛行機に乗って受けた衝撃について触れました。私が乗った飛行機の乗客は、なんと九割以上がアジア人でした。しかも普通の人々です。普通の身なりのアジア系の労働者や庶民たちでした。これには本当に驚きました。

そしてデトロイトに行ってみると、ミシガン中央駅などまったく廃墟になっていて、旧市街は荒廃したままなのです。日本の都市研究者のなかには、デトロイトが、イタリアのトリノとともに見事に都市再生に成功した「縮小都市」だという見方をされる方もいます。しかしそんなことは簡単に言えない。ローマ時代からの歴史文化都市ミラノと、荒廃した旧産業都市デトロイトとを、同じ「再生都市」として位置づけることはとてもできません。かつて一八〇万人の人口を抱えた全米一の自動車生産と物流の拠点都市、モーターシティーと称された大工業都市が、いまや七〇万人以下に縮小している。旧市街は廃墟と化し、全米で二番目に犯罪が多発する。一番目は、お隣のフリント市で、フォードの発祥の地です。全米一の偉容を誇ったミシガン中央駅は、周辺に柵が張りめぐらされている。荒廃した、ラストベルト（鉄さび）地帯の旧産業都市の典型なのです。

その後、私はデトロイトからワシントンDCに入りました。当時、テレビでは大統領選候補者たちが映し出されていましたが、ほとんどいままで見たこともない候補者たちばかりだったことにも驚かされました。その最たるものがトランプ候補でした。

また、先の大統領選挙は、いままでのそれとはまったく違った様相を呈していました。ヒラリーさんなど、凄まじいネガティブキャンペーンを演説でやるのです。これは、いままでのアメリカの大統領選挙にはなかったことです。さらにそれを分析すると、ネガティブキャンペーン用の巨額の資金が選挙に自由に使われることができるようになったという現実が見えてきます。

一九九六年、ビル・クリントン政権第二期誕生のときに使われた大統領選挙総費用は六億ドルだったのですが、先の選挙はケタが違う。その二〇倍近く、一〇〇億ドル近くになっているのです。日本のメディアではまったく報道されていないアメリカ大統領選挙の「新しい現実」です。

アメリカの人種構成についても、私が学生時代に行ったときは一〇%しかアフロアメリカン、つまり黒人がいなかった。まわりはみんな、青い目をした白人です。ブロンドの女性も男性たちも、要するにアングロサクソンを中心にしたヨーロッパ人です。ところがいまやアフロアメリカンやラテン系やアジア系など、非白人が三八%に達している。一世代後の二〇四八年には五〇%を超えて、二〇六五年には六割になると予測されています。

これは、われわれが知っているアメリカではないのです。「アメリカ」という国はなくなってしまった、解体してしまったと考えるほうがいいのかもしれない。文化的にも分裂し、古いアメリカは解体している。つまり、先の大統領選挙はある種の文化戦争でもあるのです。「白人」対「非白人」との文化戦争です。その白人の多数派というのは職がない労働者たちです。カジノ・キャピタリズムの進行下で、アメリカがものづくりをやめてしまった。そのために職を失った人々です。ドルの衰退は、ものづくりをやめたことの象徴です。ものづくりをやめ、カネつくりに傾斜し、ニューヨークのウォール街と首都のワシントンＤＣが結託して、金権政治化が進んだのです。ヒラリーさんはその金権政治のつなぎ役をやっているのではないかと、普通のアメリカ人からみなされているのです。

オバマ政権八年間、若者たちはオバマの言う「変化」を期待しました。しかし何ができたかと言えば、中途半端なオバマケアだけで、いまだ十分な職場はないではないかと不満と批判が噴出している。それが、「社会主義者」を自称する、民主党党員歴すらないバーニー・サンダースを、米国の民主党大統領候補に押し上げている。

ビル・クリントンはＮＡＦＴＡを推進しましたが、その結果、アメリカの工場はメキシコに出て行って、アメリカ国内の仕事はなくなった。だからブルーカラーの白人たちの多くが、職場がない状態になって、文化戦争の拍車がかかるわけです。

また、グローバルな貧富の格差もさらに激しくなってきている。二〇一〇年には世界トップ三八八人の超富裕層が世界下位五〇％の人々の資産総額と同じだったのに、いまやトップわずか八人の超々大金持ちの資産が、下位五〇％と同じになっているのです。一％対九九％の世界ではない。〇・一％対九九・九％の世界が現出しているのです。こうした状況を見てくると、もう私はアメリカ帝国の終わりの時がますます早まっていると感じています。

私が思い浮かべるのが、ローマ帝国です。ローマ帝国はなぜ没落していったのか。結局はオーバーストレッチ、過剰拡張のためなのです。東へ西へと拡大しすぎた。西はガリア、いまのイギリス人たちと戦い、東ではアッシリア、いまの中東の人々と戦う。東西、南北双方に拡張を続け、紀元後二世紀から三世紀にかけてローマ帝国は衰退し始めるのです。オーバーストレッチの結果、ローマ帝国は、国力を衰退させながら、自国の版図内には大勢の非ローマ人を抱え込んでいくのです。

アメリカも同じです。冷戦下で世界中に軍事基地を張り巡らせ、膨大な軍拡競争を進めて、ベトナム戦争を一五年戦う。オーバーストレッチです。その結果、財政赤字を増大させ、貿易赤字とともに「双子の赤字」を累積させ、経済力を衰微させていくことになります。いまアメリカの歴史家たちが使い始めている言葉が、the longest war in American history です。いままでベトナム戦争のことを、アメリカの歴史家たちは、the longest war と呼んでいた。一九六〇年から七五年まで一五年間続いたベトナム戦争は、アメリカ史のなかでも最も長い戦争だった。

しかしいまだ続く中東戦争は、二〇〇〇年八月のイラクのクウェート侵攻を皮切りに米国は、翌〇一年一月にイラクに本格介入し、今日まで一七年間、いまだ収束する見込みがまったく立っていない。まさに the longest war なのです。しかも今回の場合は、ベトナムのように一国のテリトリー内の政治体制をめぐる動きではない。戦場は、次々に近隣諸国家に連鎖し、広範にわたっている。アフガニスタンやイラクばかりでなく、シリアやリビア、イエメン、エジプトなどに内戦と紛争の輪が広がっている。その結果、アメリカは自ら帝国の墓穴を掘っているというのが現実です。

「アフガニスタンは帝国の墓場である」とも言われ始めている。一九世紀末以後、大英帝国が、四度にわたるアフガニスタン戦争で、帝国衰退のきっかけをつくりました。二〇世紀末、一九八七年にソ連帝国がアフガニスタンの内戦に介入し、帝国の終わりの時をつくりました。その帝国終焉のわだちを、いまトランプのアメリカが象徴しているのです。

白井　まさに衰退の過程にいるのだろうと思います。しかし、超大国は、衰退過程に入ってもそう簡単に諦めたりはしないでしょう。言い換えれば、衰退のつけを他にまわすことができるのが、超大国の超大国たる所以ですね。現に、もう四〇年近くにわたって、つけ回しを続けてきたと見ることもできそうです。

偉大なるアメリカを求めてさまよう帝国

白井　そうした過程が始まったのが一九八〇年代のレーガン政権期だったろうと思うのです。トランプとレーガンとの共通点が指摘されることもありますが、当時、子どもだった私にとって、レーガンはいつもニコニコしている陽気なおじさんという感じで、何となく好意的な印象を抱いていました。大人になってちょっと勉強してみると、だいぶヤバいおじさんだったということがわかるのですが（笑）。しかし、まさにこうしたイメージがアメリカ国内、国外でのレーガン人気の秘密だったのだろうと思います。一方、トランプという人は、こちらもある意味で面白いおじさんではあるのですが、レーガンのような底抜けの明るさみたいなものがない。それは多分、時代を反映している部分だと思います。

そして、〝Make America great again.〟というスローガンを掲げて、トランプは選挙に勝つわけですが、僕はあのスローガンがまさに、大統領選の肝だったと思っています。

このスローガンに対してオバマのミシェル夫人が、「〝Make America great again.〟というのはナンセンスだ。アメリカはすでにして偉大である」と言ってトランプ批判をしましたが、そんなことを言っているから既存のエスタブリッシュメントは負けたのだと思います。多くのアメリカ人の生活実感として、「全然現状はダメじゃないか、偉大じゃない」と感じているときに、「われわれは偉大なのだからまったく問題がない」というような発言をするのは、現実を何もわかっていないし、また、それを見ようともしていないことを証明してしまったのだと思います。

その点、「いまは偉大な状態ではない」というトランプの認識は正しく、その認識の正しさが選挙戦での勝利をもたらしたということです。

しかし、〝Make America great again.〟というスローガンは、別にトランプの専売特許ではなく、レーガン以来ずっとアメリカはそれを言い続けていて、かつそれに失敗し続けているということも言えます。

一九七一年にニクソン・ショックがあって、「アメリカの偉大さ」にはっきりと陰りが出てきた。だから、七〇年代のアメリカ映画は、「アメリカン・ニュー・シネマ」の時代で、まことに暗いですね。経済的行き詰まりと、ベトナム戦争。これによって疲弊し精神的にも沈んでいたところに、「偉大なるアメリカの復活」を語るレーガンが現れた。映画で言えば、ロバート・デ・ニーロの『タクシー・ドライバー』からシルベスター・スタローンの『ロッキー』へということです。どちらも一九七六年の作品ですが、レーガン的なものへの転換を先取りしていたと言えるでしょう。

レーガンの時代には、いわゆるレーガノミクスをやって、製造業の生産性を上げることによってアメリカ経済を復活させ、貿易赤字を削減しようとしましたが、他方で強いドル政策なるものをやって、矛盾していました。輸出を促進し、貿易赤字を削減したければ、ドル安にするべきなのに、偉大なアメリカの偉大なドルは高くなければダメだろうということで、ドル高政策もとっていました。しかも、生産性を向上させる手段は減税。生産性が低迷しているのは税金が高くてみんなの勤労意欲が殺《そ》がれているからだ、税金を安くすればうんと働く気になって生産性が上がるはずだ、というおそろしく主意主義的な理論に依拠していました。こんなスタハノフ運動（スターリン時代のソ連で行われた、労働者がノルマを過剰達成することで共産主義社会を早く建設しようという運動）みたいな主意主義で生産性が上がるはずもなく、したがって製造業の国際競争力は回復せず、貿易赤字は減らない。他方で、減税の結果、財政赤字も一層ひどくなった。

しかしこれがまた経済の複雑なところで、レーガノミクスはその当初の目論見を全然達成できていなかったはずなのに、通貨高と資本移動の自由化によって、今度は金融センターとして世界中のカネを呼び込むことで繁栄を取り戻すことに成功します。アメリカ経済のいわゆる金融化です。つまり、カジノ資本主義化によってアメリカの偉大さなるものを、幻想的に取り戻すことになるわけです。

しかし、それの帰結というのは、二〇〇八年にリーマン・ショックというかたちでついに爆発するわけです。金融資本主義とは要するに金貸しで儲けるということですが、ついには土地バブルに依存した略奪的貸付というところまで行ってしまい、破綻した。レーガンのやったこと、レーガノミクスというのは、短期的には看板倒れな話でしたが、中期的にはある意味成功しており、そして長期的には世界資本主義の構造を腐らせるようなことをやったと言えます。

他方レーガン政権は、ソ連との対立を再燃させ、間もなくソ連を崩壊させるわけで、その意味でアメリカの偉大さを復活させたと言えるのでしょう。しかしその後どうなっていったかというと、湾岸戦争をやり、世界の警察官としてのアメリカ、まさに一極支配状態をつくりますが、それに対する不満が、二〇〇一年の九・一一というかたちで爆発をし、そこから対テロ戦争の泥沼に入っていくことになり、そうやってボロボロになったところでオバマが登場しました。

やはりオバマが登場したとき、日本でも大いに感動した人が多かった。ブッシュ・ジュニアは最悪だ、アメリカはもうダメになってしまった、などと言われてきたけれど、有色人種の大統領が草の根運動に支えられて誕生し、弁舌さわやかに正論を訴える。そんな光景に、「アメリカは捨てたもんじゃない、やっぱりすごいな」と世界中の多くの人が思ったことでしょう。オバマの存在そのものが〝Make America great again.〟だったわけです。

しかしオバマも、結局〝Make America great again.〟できなかったわけで、いまトランプになって、まさにご本人のスローガンとして〝Make America great again.〟偉大さを取り戻すのだと言っているわけです。いったいどうやって取り戻すのだろうか。これもまた政策的にいろいろブレている感じがあってよくわからないわけですが、一つの方向性としてたぶん、製造業を復活させたいという方針はあると思うのです。先ほど進藤先生がおっしゃったように、白人労働者層、労働者階層の失業や生活不安が間違いなくアメリカを蝕んでいるのだから、そこをどうにかしたいというのであれば、製造業を復活させようと考えるはずです。しかしそれは、もはや無理でしょう。すでにレーガン時代にこれは無理だった。だからこそ金融資本主義に走るしかなかったということだと思うのですが、そう考えると、この問題には、解決策がない状態だと私は思います。

進藤　いま二つの問題点を指摘されました。一つは「強いアメリカ」をキーワードに、レーガンは共和党政権でありながら、多くの民主党支持者たちの支持を得て大統領になった。いわゆるレーガン・デモクラットの票を吸引していた。その支持が、軍事的にも経済的にも強いアメリカだということですね。これが一つ。

それでいまトランプも共和党でありながら、民主党支持層を手に入れることができた。それがトランプを大統領に押し上げた理由です。しかもレーガンのときと同じように、トランプもまた、強いアメリカ、経済的に強いアメリカをスローガンとしたということです。これが二つ。

ではなぜトランプの場合、トランプ・デモクラットが可能だったのか。それは、アパラチア山脈からの西側、中西部地帯の白人労働者たちは、元々伝統的に労働組合を支持し、民主党の強固な地盤を形成していた。しかし、ものづくりがなくなったために職がなくなり、アメリカン・ドリームが失われた状況下で、トランプを支持したからです。強いアメリカというキーワードでレーガンとトランプ、レーガン・デモクラットとトランプ・デモクラットはまさに一致するのです。

しかしまったく同じではない。何が違うのかといえば、レーガンの場合には、アメリカ再生への基盤があるわけですね。レーガン時代の八〇年代前半には、まだアメリカの金融部門はそれほど大きくなっていません。しかし、まさに白井さんが指摘されたように、レーガン時代の中ごろ、八二年、八三年ぐらいから製造部分が衰退し始めるのです。この流れが続き、ものづくりとカネつくりの逆転現象が加速するのです。

情報革命がもたらしたアメリカの衰退

進藤　正確に言うと、クリントン政権一期目、九〇年代前半には、まだものづくりは維持されています。クリントン政権は低所得層に対する減税政策や医療改革など、ある種、社会民主主義的な政策をとります。しかし問題は、情報革命が起きたことなのです。

いま申し上げているアメリカのものづくりとカネつくりの逆転現象を読み解くキーワードは、情報革命、つまり第三の産業革命なのです。

第一の産業革命では、一八世紀後半に開発された機関車や蒸気機関といった技術によって、大英帝国が登場することとなりました。第二の産業革命にあっては、一九世紀後半に今度はアメリカで先端技術突破（ブレークスルー）、一連の技術革新、急激で連続的なイノベーションが起こり、電気、電信、さらには自動車や航空機産業を生み出していきます。これが二〇世紀の大米帝国をつくりあげることになったわけです。この第二の産業革命は、工業革命と言えば理解しやすいかもしれません。

そして第三の産業革命が、それから一〇〇年後の一九七〇年代中期、八〇年代に起こる。アップルやマイクロソフトに代表されるような情報革命です。これまでの歴史を見れば、本来なら産業革命の発祥国が、次の世紀の覇者になるはずなのです。一八世紀後半の産業革命の発祥の地であるイギリスが一九世紀の覇者になり、一九世紀後半の産業革命の発祥国であるアメリカが二〇世紀の覇者になる。それと同じように二〇世紀の産業革命の発祥国であるアメリカが、二一世紀も再び覇者になるはずだったのです。だから学者たちは、アメリカ帝国パート２が始まる、と言い始めた。

ところが、情報革命が逆に帝国を下からそぎ落としていくのです。先ほどから触れられている、ものづくりからカネつくりへの動きを加速させていくことになったからです。

情報科学の進歩によって、株式などの金融取引において、コンピューター技術を駆使して〇・〇〇一秒差、つまり一〇〇分の一秒差ではなく、一〇〇〇分の一秒差で、超巨万の富を稼ぐような仕組みをつくり上げていきます。アルゴリズム商法と言われるものです。それを基礎に、デリバティブやヘッジファンドが、米国経済の仕組みを変えていく。いまやウォール街では、情報科学や物理学の秀才たちが活躍する時代へと変貌していきます。情報革命はものづくりではなく、カネつくりを加速させました。これがアメリカ帝国の力を内側から削ぎ落とし、アメリカは経済力を衰微させていくわけです。

加えて情報革命は、本来ならアメリカの軍事力を強化させることになるはずでした。実際、湾岸戦争以来、アメリカの軍事技術は飛躍的な進歩を遂げました。情報革命に対応したこの軍事技術の進歩は、当初、第三の軍事技術革命、「リヴォルーション・イン・ミリタリー・アフェアーズ（軍事事態革命）」と呼ばれ高評価されていました。ところがその結果、アメリカは、ジョゼフ・ナイの言う、いわゆるソフトパワーを失っていくことになるのです。アメリカが中東で精強で破壊力の強い兵器を使えば使うほど、中東全域で多くの民衆を殺害し、その結果、アメリカへの信頼感を喪失させ、反米感情を高揚させ、テロを生み出していくのです。二〇〇三年、ブルッキングス研究所が中東諸国五ヵ国に行った世論調査では、「アメリカの軍事介入はテロリズムを少なくするか」という問いに対して、およそ九五％以上が「テロリストを増やす」という回答をしています。

ソフトパワーの根源には正義が必要です。治められる側の人々が納得しなければソフトパワーは機能しない。暴力すなわち軍事力や、財力すなわち経済力だけでは、ヘゲモニー、覇権は機能しない。人々を納得させる力、イデオロギーがなければだめなのです。そのことを、イタリアの思想家グラムシが、ファシズムの台頭を分析するなかで明らかにした。その支配のイデオロギー、すなわちソフトパワーを、アメリカはなくしていくのです。

アメリカは情報革命の進展によって第三の軍事技術革命に成功し、the longest war であったベトナム戦争のトラウマを振り払うことができたと思っていました。しかし実際には、ソフトパワーを喪失していく。反米感情を高揚させるだけの結果となったのです。

白井 同感です。戦後日本の歩みに大きく関わってくる事柄でもあるのですが、かつてのアメリカは、大変に用意周到でした。太平洋戦争でまだまだ日本が優勢であるような情勢下で、「この戦争で勝った後、日本をどう統治するのか」についての多角的な研究をすでに始めていましたよね。OSSというCIAの前身機関のひとつですが、そこに文化人類学者やら社会学者やらを集めて、レポートをつくらせる。戦後に日本論の古典となるルース・ベネディクトの『菊と刀』は、そこで書かれた報告書がベースとなっています。日本だけじゃなくドイツに関しても、亡命してきたユダヤ系ドイツ人を主力にして同様の研究をしていた。これだけ周到なことをやっていたからこそ、第二次世界大戦後の時代は「アメリカの時代」となり得たわけですが、これに比べると、アメリカが中東でやってきたことは、軍事力に頼るばかりでまったくもって杜撰《ずさん》です。

新自由主義がつくり上げたアメリカの新たな徴兵制

進藤　ベトナム戦争では、徴兵制で戦地に連れて行かれた兵士たちがアメリカに帰ってきて、反戦運動を展開しました。私も当時、アメリカにいましたが、七〇年代の反戦運動は激しいものでした。ベトナム戦争でのアメリカの真の敗因は、国内の戦い——反戦運動——にあるとさえ論じられました。

こういった問題を取り除き乗り越えるために、アメリカは徴兵制をやめた。そして戦争の民営化という新しい仕組みをつくるわけです。情報革命によって、徴兵制をやめても、事実上の徴兵制を展開できる仕組みをアメリカ社会のなかにつくり出しました。

新自由主義のイデオロギーを軍事にも応用し、軍隊の民営化を進めます。巨大な民間戦争請け負い会社はいま、アメリカを中心に世界に五〇社ほどに膨れ上がっています。

白井　ＰＭＣというやつですね。

進藤　そうです。Private Military Corporation、ＰＭＣです。このＰＭＣに従事している軍人が、一〇万人から五〇万人いる。巨大な傭兵集団なのです。その中心がアメリカ兵、アメリカの若者たちなのです。レーガン政権以来、新自由主義、いわゆるネオリベの推進で、さまざまな部分で民営化が進められてきました。日本もそのあとを追いかけ、大学の民営化などを進めているわけです。競争すればするほど、〝自由〟の領域が拡大すればするほど人間は働いて、金持ちを追いかけて貧乏人たちも一生懸命働いて豊かになっていくという考え方が、学問や研究の世界にも導入されました。

その結果、何が起こったか。私の大学院時代の教え子に、いまミネソタに住んで、世界有数のグローバル食料企業カーギルの子会社のＣＥＯをしている韓国系アメリカ人の元院生がいるのですが、年収は一億円だというのです。彼の娘さんは、ハーバードの姉妹校で、ヒラリーさんの母校、ウェルズリーという名門カレッジに入学したのですが、年間授業料が日本円で八〇〇万円だというのです。ハーバードも同じようなものでしょう。

白井　そこまで高騰しているのですか。

進藤　そうなのです。しかもその上に、ロースクールやビジネススクールに行くとなると、一〇〇〇万円を軽く超える。二倍近くかかるのです。それでは、野心のある頭のいい、そして社会的に活動したいと思っている中低所得家庭の若者たちはどうするのかというと、お金を借りるわけです。いまアメリカの学生ローンの総債務残高は、自動車ローンやホームローンよりも多い。例の二〇〇八年の金融危機のきっかけが、ホームローンでした。貧乏人にたくさんカネを貸して、家を買わせ、それで彼らが払えなくなった時点で不動産相場が下がり、金融危機が起きたわけですが、いまやそのホームローンや自動車ローンよりも、学資ローンのほうが大きいのです。

そして多額のお金を借りている若者たちに、もし中東に行って二年間、民間軍事会社で働くと、それでローンを半分に減らしますよ、と誘うのです。そういった事情で戦場に行く若者は多く、それで帰ってきてどうなるかというと、自殺です。この一〇年間、戦争から帰還したアメリカの若者たちは、一日平均二三人が自殺しているのです。凄まじいですよ、一日二三人というのは。そしてその数倍、数十倍の若者たちがＰＴＳＤ（戦争体験によるストレス障害）で精神的におかしくなっている。

白井　社会の崩壊を感じさせます。徴兵制が撤廃されても学費の高騰と階級社会化がアメリカの強引な軍事戦略を支えるという構図ですね。途轍もない収奪です。

「国家の民」と「市場の民」

進藤　いまのアメリカは金権政治になればなるほど、ネオリベと合体することによって貧富の差が広がっていきます。それをオバマ民主党政権は変えることもできないし、変えようともしなかった。ヒラリーも同じです。

グローバル化が進展して格差が広がっている。そのグローバル化の進展を、アメリカの心ある知識人は憂え始めている。たとえば、世界銀行元副総裁のスティグリッツです。しかも、それはグローバル化自体が悪なのではない。「その波をコントロールできなかった」ことが原因なのだとスティグリッツは説いています。

いま日本では、グローバル化はすべてダメという人もいます。しかし必ずしもそうではないのです。グローバル化をうまくコントロールできなかったことが、アメリカや日本など先進国の失敗の根源にあると、とらえるべきなのです。グローバル化それ自体は、避けることができない。二一世紀情報革命の産物なのです。

ＥＵについても同じです。ＥＵがなぜBrexit（ブレグジット）、英国ＥＵ離脱で混乱状況に陥っているのか。同じ理由からなのです。単なるグローバル化の産物ではありません。人々はよく、Brexitとトランプショックとを重ね合わせて、ポピュリズムを論じます。しかし、ポピュリズムの根源にあって議論されていないのが、中東からの大量の難民であり、移民の流入です。そして彼らが、テロを生み、増大させていくのです。グローバルな中東戦争の負の帰結、いわばツケなのです。

いま二〇〇万人を超える難民が、中東から海を渡って陸づたいにヨーロッパに押し寄せてきています。そうすると、国境を閉ざしたほうがいいという議論に当然なってきます。そもそもシェンゲン条約で移動の自由などというものをつくること自体が間違いじゃないか、国境をなくしたＥＵの政策自体が間違いではないかという議論は、私がもしＥＵに住んでいたとしても、同じ主張をするかもしれません。

これがヨーロッパ・ポピュリズム台頭の原因なのです。要するに難民を大量に生み出したアメリカのグローバルな軍事政策、中東戦争がポピュリズムやBrexitの根源にあるのです。

白井　そのとおりと思います。アメリカもそうですし、それから私は、武器ビジネスをやっているヨーロッパにも、大きな責任があると思います。要するに、そこで軍需産業がしこたま儲けていることとの結果として、大量の難民が押し寄せてくるのです。これ、自業自得じゃないかという話でもありますし、いまフランスの大統領選挙が迫っていますが、私が思うにたぶんマクロンが勝つでしょうが、長期的にはいずれル・ペンのところに権力が転がり込むのだろうと予想しています。

マクロンが何を言っているのかというと、もろにネオリベです。彼の言っていることで唯一いいことは、「排外主義はいけません」という部分。しかし、そんなことは当たり前の話であって、その当たり前のことを言うにも、ある種の勇気が必要であるような、ろくでもない状態にいまのフランス、そしてヨーロッパがなっているということです。

マクロンが言っているとおりの政策を取るとすれば、フランス社会はますますネオリベ化が進むことは間違いなく、それによっていま不満を持っている層はますます不満を高めることになるでしょう。結局、また何年後かはわかりませんけれども、「マクロンもダメだったね」という話になり、使い捨てられることになるでしょう。ここ最近のフランス大統領は、サルコジは二期目ができず、オランドに至っては大統領選挙に出ることすらできなかった。マクロンも同様に、失望をもたらすだけで使い捨てられる可能性が高い。

いま、ヴォルフガング・シュトレークというドイツの社会学者、経済学者の本を読んでいますが、彼が非常にうまい概念を使っていて、「市場の民」と「国家の民」という具合に、いま主権者の内実が分裂しているということを言っています。EUはこの二重構造が一番明白になっている政治地域だというのです。従来の国民国家の国民(「国家の民」)の投票によって政権は選ばれますが、それによって選ばれた政治家に何ができるかといったら、大したことは何もできない。もうどの国家も債務漬けになっていて、重要な事柄は国民ではなく債権者が決定するようになっている。債権者とはグローバル金融資本です。こちらを「市場の民」と呼んでいて、これが事実上国家をコントロールすることになってきている。ですから端的に言えば、どうやって財政再建するのかプログラムを決めていく段階でも、グローバル金融資本の利害関係者の利益が優先されて、たとえば福祉はカットされたりします。つまり、「国家の民」のほうは、実質的には主権者ではなくどんどんなくなってきている。

EUの失敗も、EUという単位をコントロールしているのが「市場の民」となり、「国家の民」のほうの発言力がどんどん弱まり、本来だったら、「国家の民」と政権との間にも回路があったはずなのに、いまやほとんど事実上機能していないということになってしまったことが原因です。そこにものすごい不満がたまってきて、反EU感情が高まってきている。その表れがBrexitであり、ル・ペンの躍進といったところにつながっていったのでしょう。

いまのフランス大統領選挙というのは、このシュトレークの構図がもろに当てはまることになっていて、市場の民の代表者のマクロンと、国家の民の代表者のル・ペンのわかりやすい一騎打ちの構図になっていると思うのです。

ＥＵをどう見るのか

進藤　ＥＵのヨーロッパ統合の現在の苦境をもたらしているのは、新自由主義政策であるということは、先にふれたスティグリッツも主張しています。しかしここで注意しなくてはならないのは、ブリュッセルを中心にする巨大なＥＵの特権的な官僚たち、いわゆるEurocrat（ユーロクラット）たちのことです。彼らが権力を増大させ、ヨーロッパ域内の民衆に十分な配慮のない政策を展開しているという問題も見逃せません。

本来、民主主義国家によって保護されるべき民が、ネオリベという市場の原理、巨大グローバル企業によって食いつぶされていく現状がある。

それにもかかわらず私は、アジアで地域統合を推進すべきだという立場を取ります。「ＥＵは潰れるべきだ」という議論や、「地域統合が終わった」という主張を正しいとは思いません。

私たちが繰り返し噛みしめ直すべきなのは、一九五〇年のシューマン宣言と五一年の欧州石炭鉄鋼共同体に始まる「不戦共同体」として、今日に至る欧州地域統合の半世紀以上にわたる歴史の重みです。ル・ペン的なEU離脱論者たちが主張するような政策を展開していくと、国家と国家がぶつかり合って、第三次世界大戦がヨーロッパでいつ起きるかわからない状況になりかねません。だからこそ、地域統合の持つ不戦共同体としての理念を、もう一度噛みしめ直すべきです。そしてだからこそ、地域統合の本来あるべき姿、つまり近隣諸国家が、ウインウインの関係を構築し、共通市場を創設し、領土問題を棚上げし紛争を封じ込め、域内格差を縮小するような政策が、いま強く求められているのです。

EU危機は、コロンビア大学のジェフリー・サックスに言わせると、EU自体だけの問題ではない。中東の長い戦争によって難民が発生しなければ、こうした状況にはならないと、サックスは示唆している。

たとえば北欧諸国、フィンランド、スウェーデン、ノルウェー、これらの国々は豊かで、しかも社民主義の国々ですが、いまや反EU派が台頭し、EU離脱を主張する人々が出てきています。社民主義政策をとっていて、格差も非常に小さいにもかかわらずなぜそのようなことが起こるのか。それは北欧諸国でも、移民や難民が急増しているからです。中東難民やトルコの移民が北上してきている状況のなかで、国境を管理しなければならないという主張も、当然ながら出てきています。

ですからEUの問題は、二重三重に検証し直さなければいけない。私たちアジアは、そこから何を学ぶことができるのか。「国家の民」を基軸にテリトリーゲームとしての国際関係を考えるのではなく、脱「国家の民」という視点です。換言すれば「国家の民」でも「市場の民」でもない。「社会の民」としての民衆です。国家と市場を超えた「社会の民」、あるいは国境を超えた「地域の民」としての市民の視座です。

だからいま求められているのは、不戦平和共同体としての脱国家的な地域協力制度化、つまり地域統合への歩みを進めていくことです。その意味で、いまほど地域統合の歴史を理解しながら、アジアで地域協力のウインウインの関係を構築していくことが求められているときはないと思います。

白井 はい、いままさに危機的なのは、EUの根本的な意義である不戦共同体という原点が忘れられかねない事態になってきていることだと思います。ギリシャ問題にしても、ドイツがギリシャを締め上げ、ギリシャはそれに反発する。両国で感情的な言説が飛び交い、過去の記憶が持ち出される。非常に危険な兆候です。

そこへもってきて、移民と難民のラッシュです。ドイツのメルケル首相は、排外主義的な主張に対して相当断固たる態度をとってきましたけれど、限界があるでしょう。結局、大本のところをどうにかしないと解決できません。中東の安定化ももちろんですし、全域での均等な発展を目指さないと崩壊へと向かうことになってしまいます。

「自由貿易」対「保護貿易」という浅薄な二元論

進藤　アメリカを見ても、いまメキシコからの移民が急増しています。貧しい人々、しかも麻薬を持ってくる人もいて、国境に壁を造らなければならないとトランプは言っています。しかしもともとはこれも、米国の巨大企業優先型の北米自由貿易協定、NAFTAのせいなのです。NAFTAも地域統合の仕組み、経済協力の制度化ですが、これが何をもたらしたのかといえば、アメリカのグローバル企業がメキシコに進出して、メキシコの土着農業を壊滅させたことです。特に現地の人々の主食であるトウモロコシ（トルティーヤ）を中心に、土着農業はアメリカのグローバルな食料食品産業にとって代わられました。その結果、ほとんどのメキシコ農民たちが職を失い、かつての自分たちの祖国の地、カリフォルニアやフロリダ、テキサスに流入しているのです。

つまり、NAFTAという仕組み自体が、実はグローバル企業のための地域統合の仕組みだったのではないかということです。いま、自由貿易対保護貿易という二元論で考える議論がメディアでされています。しかし、自由貿易ならすべていいとか、すべてダメだという議論ではない。現実に誰のための何のための自由貿易かを考えていかなければいけないのです。これまでＴＰＰについても、ＴＰＰ自体がそもそも誰のための、何のためのＴＰＰなのかという視点を抜きにして、日本で議論されてきたこと自体がおかしなことです。

たとえばそれは、ＡＳＥＡＮ＋日中韓、インド、オーストラリア、ニュージーランドからなる緩やかな地域自由貿易圏構想、ＲＣＥＰ（東アジア地域経済連携協定）についても言えます。本来、ＲＣＥＰは、日本政府の主張に沿うものであったのに、米国主導のＴＰＰが出現するに及んで、いつの間にか、ＲＣＥＰは、中国主導の貿易通商圏だという言説がふりまかれた。

しかし、ＲＣＥＰはむしろ、東アジアの地域間格差を解消するため、コネクティビティ（接続性）を強化しながら、土着農業や地元資本を育成するかたちで地域統合を進めようとしています。軸にあるのは、ＡＳＥＡＮ流の内政不干渉であり、平和不戦共同体の流れを強めていくこと。脱国家化、脱領土中心化を進めようという意図が底流に流れています。それにもかかわらず、日本の知やメディアは、単純な一九世紀流の自由貿易対保護貿易という二元思考のなかでとらえている。もしくは中国主導の自由貿易圏ＲＣＥＰか、日米主導の自由貿易圏ＴＰＰかといった、二項対立で考えています。

しかしこれは間違いだと私は思う。われわれが直面している問題は何なのかといえば、グローバル大企業にとっての豊かさをつくることではない。平和で豊かな地域社会を、アジア大の広がりのなかでつくり上げることです。しかもそれを、国境を越えた協力関係の中でつくり上げる時代になっているのです。いまや情報革命によって、アジア経済一体化の現実が進展し続けています。モノとヒトとカネ、テクノロジーと情報が瞬時に動く時代に変わったのです。

このグローバル化という新しい時代の流れを、市民の側に引きつけて使いこなしていかなければならないのです。超巨大グローバル企業にもっと多くの税金を課す政策を進めていかなければいけないのです。トランプは貧乏人、白人労働者のために職を取り戻すと主張して大統領になりましたが、トランプ政権が真っ先にやろうとして、減税反対派との妥協の末に二〇一七年一二月実現したのは、法人税の三五％から二一％への大型減税です。

グローバル企業や富裕層は得をします。しかし中間層以下の大多数の一般庶民層はどうなのか。民生福祉教育予算はどうなるのか。トランプ政権が政権発足早々に増やしたのは、民主党の反対で大幅減額されたけれども、軍事予算です。前年比一〇％増で五七四五億ドル、日本円で約六〇兆円への増額です。ここ数年で最高の軍事予算を付けている。

トランプ政権に対して、序章でも触れたように、「トランプ革命」というかたちで期待する向きもありました。ウォール街や既得権益層（エスタブリッシュメント）に敵対する勢力として、ヒラリーよりトランプのほうが期待できるという見方です。確かに彼の演説を聞いていると、そう解釈できるようにも思えました。

しかし現実にやったのは序章でふれた「スリーG」ですよ。ちなみにギャジリオネア（Gazillionaire）のGとは兆万長者のことです。Millionaireというのが百万長者で、Billionaireは億万長者ですね。このもう一つ上の超大金持ちのための政策を展開しているのです。

これが何を意味するのかというと、帝国が否応なしに衰退していかざるを得ないということです。帝国を支えているはずの市民的諸活力（シビック・キャパシティーズ）、いわゆる社会力が衰微していくからです。しかもジェネラルたちが活躍すればするほど、北朝鮮で威嚇外交を展開し、中東で砲撃爆弾外交を展開し、民生福祉教育予算は削られていくことになります。帝国の社会を支える、社会力がなくなっていきます。同時に中東で軍事行動をとればとるほど、現地で反米感情は高まり続けます。トランプ政権発足前に期待されていた米ロ関係の好転も、本来期待していたようにはいかなくなってきています。

そうした状況下で私は、トランプが今後つくっていく世界について、三つのシナリオを想定しています。

一つは、レーガンのアメリカ、あるいは冷戦後のアメリカのように強いアメリカを取り戻し、一極支配のアメリカがもう一回復権するというシナリオ。二つ目は、かつての冷戦時代のように米ソで対立するけれども、しかし互いに協調し合うという、そうした関係をより進めた米中間の新型大国関係というシナリオです。三つ目が、新ヤルタ体制とも言えますが、露・中・EUもしくはドイツと、アメリカという大国相互が、それぞれの領域で秩序の維持者の担い手としての役割を果たしていくシナリオです。

トランプのこれまでの政治を見てくると、少なくとも最初の強いアメリカをつくるという政策は、これからますます不可能になっていくでしょう。しかもトランプが、アメリカ・ファーストで進む限り、アメリカは逆に、帝国の座からずり落ちていかざるを得ないのです。

白井　発足以来のトランプ政権を見ていて、唯一確実に言えるのは、予測不可能であるということではないかと感じています。日米安保の見直し、NATOの見直しといった就任前の大胆な路線はあっという間に放棄されました。ロシアとの関係改善も、ロシアゲート問題が騒がれるなかで、政権としてどうしたいのかがよくわからない。相次ぐ閣僚の交替も、いったい何が基準で行われているのかよくわからない。大体、ポストの多数が空席という状態がいまだに続いているわけで、過去に類を見ない政権であることは間違いないと思います。

問題は、こうした混乱が真っ直ぐに衰退へとつながっていくのか、それとも何らかのヴィジョンがあって、それなりの復活を遂げる方向に行くのか、よく見えません。興味深いのは、ここのところ数ヵ月の行動は、全部「中間選挙で勝つ」という目標に向けられているようです。究極の行き当たりばったりではないかという見方もあり得ましょうが、他方で、ここのところの歴代政権は全部、中間選挙で負けてにっちもさっちも行かなくなっているのですね。だから、やりたいことをやるためには、何が何でも、体裁が悪くても、首尾一貫性がなくても、どんなに悪口を言われても、中間選挙で勝たなければどうしようもない、という発想は合理的でもあるわけです。

「入亜」の認識が乏しい日本政治のお粗末さ

進藤　アメリカの衰退に代わって伸びてくるのがアジアである、というのが私の見方です。先日も中国の大連に行きましたが、この国の若さを実感してきました。空港に降りると、「少年富国」というスローガンが、何枚も貼ってあります。若者が国を豊かにするという意味で、そのあとに、老人もまた少年を支えていく、という言葉がつながっています。この二つのスローガンが空港の通路にずっと掲げられていました。

私は今回、いま協力している留学生ビジネスの関係で訪中したのですが、その会社の社長は三一歳です。京大大学院で学んだ青年です。その会社の社員の平均年齢は、なんと二七歳。若い人ばかりです。私もびっくりして、「あなたたちは非正規雇用？　それとも正社員ですか」と聞いたら、「非正規雇用なんていう考えはないですよ。みな正社員ですよ」と言うのです。一〇人に四人が非正規という日本とは大変な違いだと驚きました。

みんな正社員ですから給与もそれなりにもらっています。しかも五時になったら、みんな退社し始めるのです。八階建てくらいのビルから、ぞろぞろ人が出てくるので、「どうしたんだ」と聞くと、「もうこれで就業時間が終わりだから」と言うのです。勤めているのはみんな若い男女で、二八歳くらいの人たちです。そこで彼ら、彼女らに「結婚しているの?」と聞くと、皆さん結婚していて、「先月しました」とか、「まもなく子どもが生まれますよ」という人ばかり。要するに、若者たちが豊かに暮らすことのできる社会を、中国がつくり上げていることを実感しました。よく日本では、今日の中国には激しい格差社会があって、その被害者は若者たちだと言われ、『貧者を喰らう国』という本まで、東大の若い中国研究者が書いています。しかし現実には中国の貧困層は、この二〇年間で相対的に少なくなり、中間層が増大し続けている。それが勃興する中国の現実です。

いま私たちが見ているのは、単に大米帝国が没落するだけでなく、大米帝国に代わって、中国を中心にアジアが勃興している現実です。一六世紀以来、スペイン、オランダからイギリス、アメリカへと、五世紀にわたって続いた欧米支配の世界がいま終わり始めている。中国・インド・ＡＳＥＡＮ、韓国、台湾、それからユーラシアに広がっていく「アジア力の世紀」が台頭している。皮肉にもその先駆けが、まさにトランプの登場によってつくられつつあるということだと思います。

中国が繁栄しているのはなぜかと言えば、日本や韓国などからの開発援助や技術協力、直接投資、それにデファクト（事実上）の地域統合のおかげです。日大の朽木昭文先生らが理論化した「四本柱の発展構造」です。アジアの中の一つの国として中国が栄える、インドが栄えるということではなく、それぞれが相互に依存し相互に交流し補完しながら、東アジア地域が一体として力をつけ続けてきていると言える。それが勃興するアジアの実態です。それが、私の言う「アジア力の世紀」を到来させている。

そうした状況下で、私たち日本人は、ただ日米基軸論批判や、改憲論や安保法制の批判にとどまるべきではないと思う。確かにそれら一連の歴史に逆行する、反動法制はいくら批判してもし足りない。しかし、その批判にとどまっていてはだめだ。その先、日米基軸論に代わるもう一つのシナリオを明らかにし、指し示していかなくてはならないのです。

白井　とっくに経済的な下部構造から言えば、日米基軸は実際的には終わっている。明らかに経済的一体性は、日本にとってアメリカよりアジアのほうが重要になってきている。

進藤　日本の対米貿易依存度は二〇一〇年には一三・五％になって、いま少し復活して一八％、一七・五％になりましたが、対中依存度は香港その他、香港経由を入れると二三％

近く、台湾とシンガポールを含めた、華人系のつくる国家群、いわゆる大中華圏で見ると、二〇一七年に三二％を超えている。対アジア貿易依存度は五〇％を超えています。

白井　はい、貿易シェアが輸入も輸出も一位が北米圏からアジア圏に移ったのは、九〇年代の話です。つまり、入亜ということは経済の側面ではもうとっくに実行されているわけなのに、そうなっていないかの如きイメージがあるというのは、いかに政治が立ち遅れているかということでしょう。鳩山政権はその遅れを取り戻すべく一生懸命やろうとしましたが、その後の政権は、まったくそういったことを志向していない。

たとえば九〇年代には自民党政権であっても、いまとはスタンスがだいぶ違っていました。やはり政治的にも入亜しなければいけないのだという機運は、基本的に親米保守の党である自民党ですらかなり高まっていた。しかし、鳩山政権に対する反動の力というものが非常に大きく作用して、日米基軸以外にはあり得ないという路線が圧倒的へゲモニーを獲得してしまった。その後の展開はもうひどいものですが、しかしながらこれは政治だけに責任があるのではなく、大学やマスコミの責任もきわめて大きいと思うのです。

象徴的なのは、たとえば早稲田大学は九六年入学の僕が在学していたころと、卒業した少しあとのころは、「アジアのなかの早稲田大学」ということを非常に強くアピールしていたのです。アジア太平洋研究科という大学院大学もつくりましたし、アジアのなかで生きていくのだというスタンスを鮮明にしたのですが、いつの間にかそのスローガンは消えています。安倍政権に忖度しているのかと勘繰りたくなる。

進藤　実は私が考えているのは、グローバルアジアを考える学者とジャーナリズムの会です。われわれが単にジャーナリズムを批判するだけではなく、学者とジャーナリズムがそれぞれお互いに胸襟を開いて、特定の問題、朝鮮問題などを議論し切磋琢磨しながら、メディア・リテラシーを鍛えていきたい。特にアジア問題を担当しているジャーナリストたちに入ってもらいたいと思っています。それに、一線で活躍する実務家も参加してもらう。国籍も日本人に限らない。特に中国人や韓国人などアジア人に広げたい。そのために、一般社団法人アジア連合大学院（ＧＡＩＡ）機構内に「一帯一路日本研究センター」を設立したところです。一帯一路構想への日本の参加と役割を議論し提言、支援することによって、「一つのアジア」をつくる役割を果たしていきたいと考えているのです。

白井　まさにそういう動きによって、現路線の破綻後に備えなければならないですね。

進藤　世代と世界、国境と専門分野を越えて、つくりたいと思っています。またそのときは、白井さんも協力してください。私たちも若者を必要としているのです（笑）。

第2章

「凋落するアメリカ」に従属し続ける日本の未来

進藤榮一
白井 聡

安倍首相の目指す「戦後レジームからの脱却」とは何か

白井　安倍さんがこれまで言ってきた「戦後レジームからの脱却」とは、言葉とはまったく裏腹に、「永続敗戦レジーム」としての戦後レジームを何が何でも守り抜くということにほかなりません。戦後レジームの脱却というスローガンは、言葉だけ見たら大いに結構なことです。僕に言わせれば、戦後レジームとは「永続敗戦レジーム」ですから、そこから脱却するというのであれば、それは大いにやっていただきたいことです。

それを本当にやろうとしたのが鳩山政権だったのですが、結局それは準備不足を露呈して潰えてしまったわけです。しかし、鳩山政権が生まれることによって、本当の意味での戦後レジームからの脱却という動きが日本で本格化しはじめました。しかし、その後の展開がどうなったかといえば、本格化したがゆえに、それに対する反動が凄まじく、「永続敗戦レジーム」の凄まじい反発力が作用して、それが安倍政権というかたちに結晶したということです。

ところがこの「永続敗戦レジーム」をこれ以上維持しようとしても、「永続敗戦レジーム」とはそもそも冷戦構造を前提にしてできたものですから、いまや冷戦構造などとっくに世界的には消滅しているわけで、柱が抜けたような状態です。柱の抜けた建物を早く片付けなければならないのに、それに無理やり住み続けようということをやっているわけで、そのせいで安倍さんの政治手法はきわめて強引なものとなってきました。最も強引なのは、何といっても憲法解釈の変更です。集団的自衛権の行使を認めるということをやりましたが、これはあまりにも重大な解釈の変更ですから、もう事実上憲法を変えたに等しいものです。そしてその解釈の変更をどこでやったかといえば、閣議決定です。閣議決定で憲法を変えてしまうという、凄まじいことをやってしまったわけです。

これだけ政治手法が強引になっているというのは、そこまでしないと、このレジームを維持できないというところまで来ているという証拠だと私は見ています。その意味で、この権力は本当は弱いんです。一突きすれば崩れるはずなんです。

けれども安倍さんの、これを守り抜こうとする覚悟だけは本物です。彼は自分のことを保守だ、保守だと言って自己規定していますが、いったい何を守りたいのだろう。彼の政治スタンスからは、伝統なり文化なりを肯定的に守ろうという姿勢は一切感じられません。唯一、本気で守ろうとしていると感じるのは、世襲で受け継いだ自分の特権的地位、そしてその地位を保証してくれるこの体制です。それを何が何でも守り抜くということを、これまでやってきているということだと思います。つまりは、彼が死守しているのは自分の私益なのです。そのことが、モリカケ問題など、前例のないようなショボい汚職事件ではっきりと表面化していると思います。自分とそのお仲間に、権力と富が独占されるのは当然だと思っているのでしょう。そうでなければ、あそこまで厚顔無恥にウソにウソを重ね、さらには部下にウソをつかせて自己保身できません。

そのような不毛な政権がもう五年以上日本では続いていますが、世界に目を転じてみると、それこそ戦後レジームというものはとっくに更新を重ねているわけです。アメリカにおけるトランプ政権の誕生もそうですし、ヨーロッパにしても、EUはこれまでポスト冷戦体制だったわけですが、そのポスト冷戦体制がさらに揺らいで、ポストポスト冷戦体制へと向かいつつあるのではないかという情勢になっています。

そのような状況のなか、日本は二周遅れの状態です。いま、そのようなきわめて悲惨な状況にあるというのが私の認識です。

進藤　白井先生がおっしゃったように、安倍首相は戦後レジームからの脱却と言いますが、要するに「永続敗戦レジーム」への執着なのです。しかも彼らが考えている戦後レジームとは、要するに日本国憲法体制です。日本国憲法体制というのは九条と二五条、それから九九条の、憲法を守るという基本条項、これは議会主義と言い換えてもよいでしょう。要するに平和主義と基本的人権と議会制民主主義という、この憲法の三原則をひっくり返し、これから脱却するということが、彼らの言う戦後レジームからの脱却の意味するところです。

安倍政権はこの三原則とは、すべて逆のことをやっています。平和主義ではなく戦争主義へと突入しつつあります。日本の軍需産業は、特に大企業はウハウハです。三菱重工などは軍需生産に特化し始め、兵器輸出も始めているという状況です。

そもそもＴＰＰでも、これも実現するなら大企業は、ウハウハなのです。なぜかというと、グローバル企業にとって有利なルールをつくることがＴＰＰの本質だからです。だから、二〇一〇年以来、二〇一六年まで続いたＴＰＰ交渉官会合には、「ＴＰＰを進める全米大企業の会」一〇〇社のグローバル企業の代表たちを会議場に送り込んでいる。ＴＰＰを結ぶことで、アジア太平洋の市場を確保しながら、同時に自らの利益を拡大していくことができます。つまり、彼らＴＰＰを推進するグローバル企業は、民衆のことや中小企業のことは視野に入っていないのです。

それからさらに言えば、アジアとの敵対関係が挙げられます。なぜいま北朝鮮があんなにもミサイルをぶち上げているかというと、これはアメリカが冷戦終結後の外交政策のなかで、デモクラシーを世界に広めるということを基軸としたことによります。政治理論家たちも、二つの国が民主主義になれば平和になるとか、覇権国家が存在すればその地域は安定するだとか、あるいは文明の衝突論のようにイスラムと敵対して、イスラムを平定することによって世界は安定するだとか、そういった議論をしてきました。

そしてそのために何をやったのかというと、まず湾岸戦争をやり、サダムを放逐し、それからリビアのカダフィを放逐し、そして今度はシリアでアサドを放逐するという、この一連の彼らが言う「独裁者」たちの放逐をやってきました。そして何をそのために画策したのかというと、ＮＡＴＯ安全保障の傘を東方に拡大することだ。ＮＡＴＯ拡大抑止という議論を出すわけです。だからＮＡＴＯは当初一二ヵ国しかなかったのが、いまや二九ヵ国になって、その一番の衝突ポイントがウクライナであるわけです。そういった状況の中で北朝鮮、金正恩が何を一番恐れているのかというと、それは自分のクビが斬られ殺戮され、現存体制が崩壊することです。

いまからさかのぼること二〇〇三年の一月から二月にかけて、ちょうど米国のイラク攻撃直前に、四〇日間近く、金正日が行方不明になったことがありました。偵察衛星によってもまったく把握できないところに隠れしてしまった。これは、アメリカが空から自分を狙って攻撃してくることを恐れて姿を消していたのです。いま金正恩も同じことを考えて、そのための先制攻撃可能な反撃力、いわば対米抑止力をつくるために、弾道ミサイル、核開発を続けているのです。

そういった状況のなかで、戦後レジームからの脱却と言って、アジアや世界で戦える「戦争国家」への道、戦前回帰の道を進んでいるのがいまの日本といえます。アメリカのトランプ政権の尻馬に乗りながら改憲への道を歩んでいる。国民投票法や共謀罪をつくり、新安保法制もつくった。きわめて危うい状況になってきていると言えるでしょう。

トランプの対日外交はどうなるか

白井　アメリカはトランプ大統領となりました。これは憶測ですが、アメリカにも日本をどうしようという大したビジョンがないのだと思います。もっと正確に言えば、ビジョンを持つ必要がない。これはオバマ政権のときから同様ですが、要するに九〇年代あたりで冷戦構造が終わり、日本が本来はアジアにおける基軸とならなければならない状況を迎えましたが、アメリカの働きかけというか圧力もあって、その機会を日本はみすみす見送りました。もうその時点で、日本というのはアメリカにとって、適当にあしらっておけばいいというきわめてどうでもいい国になったと思うのです。

猿田佐世さんなどがおっしゃるには、いわゆるジャパン・ハンドラーというのはアメリカにおいて何人いるんだろうかというと、多く見積もって三〇人ぐらいだといいます。少なく見積もれば五人ぐらいではないかというのが猿田さんの説で、この状況はアメリカで政権交代が起こっても、基本的には変わらないといいます。結局その五人ぐらいの有力な窓口となる人物が差配しており、ホワイトハウス本体は大した関心を持っていないということですから、したがってアメリカでどういう政権になろうが、あまり対日政策は変わらないということじゃないかと思われます。

これから日米経済協議、これをＴＰＰに代わる枠組みをやろうとしているわけですが、これは鳩山さんが廃止をした年次改革要望書の復活であり、その強化版ということだろうと思います。

進藤　大統領になったトランプがまず打ち出したのが、ＴＰＰの即時撤退です。また、ＥＵや日本にも軍事負担の増額を求める動きです。いわゆるアメリカ・ファーストの姿勢です。これには日本のエリート層、安倍を支えている官僚たちと大手メディアは、異常な衝撃を受けたと思います。

しかしまだその衝撃の実態が、彼らには見えていないのではないかと私には思えます。いったいなぜトランプは出てきたのか。その現実を理解していないというのが、私の見方です。

もはや日本というのはアメリカと一緒にやっていく国ではないのだということです。アメリカと一緒にやっていくことによって、日本の国力がつき、日本の民衆が豊かになるという時代ではもうないのです。それなのにアメリカのあとをついていき、アメリカの言うなりになって米日同盟、永続敗戦レジームを続けることこそが、日本にとって最大の富を生み出し、豊かになる道だという幻想のなかで、いまだ官僚たちは生きているということが、ポイントです。

ですからいま日本政府や政府お付きの学者たちが何を言っているかというと、RCEPではなく、TPP11（イレブン）です。そしてTPP11がダメだったらTPP10（テン）でもいいし、セブンでもファイヴでもいいと。

だから依然としてTPPとは何なのかという本質が理解されていないのです。財界一部の狭い権益しか目に入っていない。自由貿易対保護貿易という二項対立のなかでしか考えていない。あるいは、中国主導の貿易通商体制か、中国封じ込めの日米基軸通商体制か、という論理のなかでしか考えることができない。

白井　いまおっしゃった「日本というのはアメリカと一緒にやっていく国ではない」という点が決定的だと思います。この間、TPPからのアメリカの撤退、日本側の引き留め工作、アメリカ抜きでのTPPの合意、日米FTA交渉の要求に対する日本側の拒否、そして鉄鋼やアルミニウムに対する報復関税の決定と目まぐるしい展開がありましたが、いよいよリアルなものが現れてきています。

いま、鉄鋼とアルミへの関税の件は、アメリカが日本をＦＴＡ交渉に引きずり込むための戦術だという解説が大メディア上でシレッと語られるようになりました。私はそれを見て、激怒しているわけなんです。解説している連中は、ＴＰＰのとき、何を言ってたか、と。「ＴＰＰは自由貿易の推進だからいいものだ」と言ってたわけです。ＴＰＰが自由貿易ならＦＴＡも自由貿易です。「ＴＰＰはよいものだ」と口を揃えていた連中が、突然今度は「日米ＦＴＡは警戒しなきゃいけない」と言っている。いつの間に転向したんだ、という話ですね。

もういい加減に誤魔化しがきかなくなって本音が現れざるを得なくなっているのです。「ＴＰＰはＯＫだけど、ＦＴＡはダメだ」と言うのならば、ＴＰＰについてのかつての説明はウソだったということになります。つまりその本当の説明は、「二国間交渉ではアメリカがゴリ押しをしてきて断るのがつらいから、多国間交渉のかたちをつくってアメリカの強引な要求に立ち向かおう」というものだったわけです。もう運命共同体のようにアメリカと一緒にはやれない、ということが本音であるわけです。

それはともかく、トランプが貿易不均衡を何が何でも是正しなければならないと死に物狂いになっていることは確かです。しかし、困ったことには、アメリカから買うべきものがない。

進藤　そしていま、トランプが日本に対してやろうとしていることが何かというと、要するに武器輸出なのです。それと武器の共同生産です。

アメリカはサウジアラビアに総額一五〇億ドル（邦貨で一兆五〇〇〇億円）規模の兵器を売り込んだり、台湾にもまた兵器を買わせたりしています。アメリカという国はいまや金融と軍需産業によって成り立っているというふうに申し上げてもいいと思うのです。エネルギーや知財や、小麦などの農産品、ファイザーのような先端薬品業界も非常に盛んですが、軍需がアメリカの富の三分の一を生み出している。これを輸出することによってアメリカ経済と企業を豊かにするという路線を取っているわけです。

だからそのために日米同盟というものが不可欠なわけです。日本がアメリカについてきてくれるということが必要で、大義名分では、日本をアメリカが守ってあげていますよと言いながら、そのために一方で中国脅威論を煽っている。しかし他方では、アメリカは中国としっかり結託しています。そうしていながら中国脅威論を言い続けているのです。同時に北朝鮮脅威も喧伝し、北朝鮮周辺にまで軍隊や軍艦を出していきます。ロシアとの外交関係のなかで、北朝鮮を軍事攻撃するという選択肢をアメリカは取り得ないにもかかわらず、北朝鮮の脅威を煽り続ける。それで中東やテロリズムの脅威も煽り続ける。軍需産業の儲けを最大化させる、そのために軍事主導型外交を、アメリカ・ファーストの名の下に続けている。それがトランプ外交の基軸だと思います。

グローバリズムの落とし穴から抜け出すために

進藤　鳩山さんが『脱大日本主義』（平凡社新書）という本を書かれました。かつて日本軍国主義の台頭するなかで石橋湛山が書いた『小日本主義』に引きつけて、その二一世紀版を書いた警世の書です。その本のなかで終始言おうとしたことが二つあります。一つは、日本はミドルパワーで徹すべきだということです。もう一つは、アジアのなかで生きるべきだということ。なぜならば、世界の経済政治の主軸はアジアへ確実に移行してきており、その世界の主軸であるアジアの一国として、日本は中国やアジアの諸国家と共に生きるべきだと言っています。グローバル・ファティーグ（global fatigue）、という言い方をしています。グローバリズムが広がり瀰漫《びまん》すると、民衆の格差を拡大させ、民衆を貧乏にしていくと指摘している。それがポピュリズムを生み出していくのだが、同時にそうしたグローバリズムに反逆してナショナリズムが立ち上がってくる。このナショナリズムとポピュリズムの双方から脱却するために必要なのが、東アジア共同体であると、その必要性を繰り返し述べています。

私はこの元首相の発言に、とても勇気づけられましたね。やはり東アジア共同体的なものにしか解はない。ここにこそ両者を超克できる解があると、私も考えています。

しかもアメリカ型のグローバリズムと、大中華システムというグローバリズム、この二つのグローバリズムに対する対抗的な緩衝措置として、日本は東アジア共同体を突き進めるべきだ。それによって、中国とももちろん一緒にやって、中国の膨張主義やグローバリズムの落とし穴から抜け出ることができる。そのためにこそＡＩＩＢや一帯一路構想に日本が参画すべきだというのですね。ご承知のように、鳩山元首相は、ＡＩＩＢの国際顧問をしておられる。

白井さんがかねてからおっしゃっているように、永続敗戦からの離脱の道というのをわれわれはもう描いていかなきゃいけない時期に来ているのです。それなのに、その視点が与党は無論のこと、肝心の野党にもない。

だから選挙をやっても実質投票率が半分以下、時に三割か四割くらいになってしまう。地方に至っては、もうゼロということも出てくる状況です。これだけ安倍政権がおかしなことをやって、閣僚や議員たちも失言や不祥事が報道され、加計問題では官僚のトップが反乱しているにもかかわらず、民進党の支持率は一〇%を超えたか超えないかしかない。最近の調査では一%しかない。代わって登場した立憲民主党も一〇%しかない。要するに野党が存在しない状況、政権交代可能な野党がない状況です。これがまた安倍・自民党一強支配体制を強化している。まさにある種のファシズムですよね。

白井 鳩山政権の挫折以降、そうしたビジョンを出すべきだという発想自体が消えてしまいました。そのことが安倍晋三政権の五年間の最大の罪であり、日本国民に与えた最大の損害ではないでしょうか。鳩山さんの『脱大日本主義』は、私も読みましたが、合理的かつ穏健で、しかも気宇壮大なビジョンたり得ています。まあ、何というか、同じく政治家一家の三代目と言ってもこれほどまでに違うのかと思わざるを得ません。比べるのもアホらしいほどです。ところが、国民の大勢は、鳩山さんよりも安倍さんのほうを支持している。戦後日本人の反知性主義が露骨に現れているのを感じます。

日本の軍備増強、兵器開発とともに必然的に進むアメリカへの従属

白井　トランプ大統領による武器商売とも関わってくる話なんですが、安倍政権になってからの日本の急速な軍事化というのは恐るべきもので、軍事費そのものの増大や、武器輸出の解禁、防衛装備庁の設置などという話もありますが、一番露骨なのは学術研究費の問題です。ご承知のとおり、文科省経由で大学や研究者に手当てされるお金というのは、近年減り続ける一方なわけです。たとえばある地方国立大学では、専任教員の年間個人研究費が三万円などという状況になっている。運営交付金を毎年機械的に一％ずつ下げていくということをやっていますから、もう長い間、減っていくばかりです。

そのようななかで出てきたのが、軍事研究の解禁です。デュアルユース（民生と軍事の両用）という話になっており、すべての技術はデュアルユース可能なんですが、軍事研究が正面から肯定されるのは、戦後初めての事態です。かつそれは、お金の配分を通じて明

らかに政府から奨励されています。要するに、学術研究に対して、文科省経由で入るお金は減らされる一方というなかで、防衛省の予算でお金がつくのです。この額が、桁が違うのです。二〇一七年度の予算で、前年度比の約一八倍、一一〇億円という額がついた。びっくりするような額です。

これまで学者は、「とにかく財政が厳しいんだ。お金がないんだ。借金まみれなんだ。だから我慢せえ」とさんざん聞かされてきて、「しょうがない。確かに大変な借金であるから我慢するしかないのかな」と考えていたのに、「文科省経由のお金は皆さんに払わないけれど、防衛省経由だったらいくらでも払うよ」という姿勢を政府は見せてきたということです。

これは恐るべきことです。武器輸出の解禁と防衛装備庁をつくったことは、日本版軍産複合体の拡大を意味するわけで、日本資本主義を軍事に依存させることとなる。現状では関係各社もこの路線の将来に対して懐疑的ではあるけれども、この方向性を安倍政権は明確に出してきた。学術も同様ですね。学術研究の軍事化を行いたいという話であり、科学者は日本版軍産複合体に協力しろという話です。現状では京都大学をはじめとしてこれを拒絶するという姿勢を見せていますけれど、何しろ兵糧攻めできていますから、どこまでもつのか到底楽観はできません。

こういう具合に、ある意味で戦争ができる体制づくりに確実に向かっているのですが、そこでまた先ほど進藤先生がおっしゃったパラドクスがそこにはある。それは何かというと、そのようにほんとうに戦争ができる体制をつくればつくるほど、自主防衛力などと言いますが、これを推進している人たちは、自立に近づくどころか、むしろ対米従属が深まっていくのです。なぜかと言えば、もうこれは政治家個人の意思とかそういうものを超えた次元で構造化されているのですが、自衛隊の、特に航空自衛隊と海上自衛隊の兵器の体系・運用、これらはもう全部事実上アメリカ軍と一体のものになっています。ですから航空自衛隊にしろ海上自衛隊にしろ、その戦力を拡充して補強すれば補強するほど、米軍の軍事体制に深く深く埋め込まれていくという構造になっているのです。

進藤　おっしゃるとおりですね。その背後にあるのは、先ほどから話題になっている北朝鮮のミサイルが日本にぶち込まれるのではないか、それに対する防衛体制を強化し、対ミサイル防衛兵器を造らなきゃいけないなどという議論です。それからもう一方は、中国脅威論で、中国の軍拡が加速度的に進んでおり、その軍拡に対抗して日本もアメリカと共同しながら軍備を強化すべきだという考え方です。

だからオスプレイ一七機を買えと言われて、日本は買ったわけです。オスプレイ一七機の予算が三五〇〇億円。三五〇〇億円というのは日本の文科省の国立大学すべての年間授業料の総予算と同じです。そのオスプレイがいま沖縄空域ばかりではなく、九州四国から本州一一帯に七つの飛行ルートを設定し飛び始めるわけです。

二〇一七年五月には、イージス・アショアの購入配備を閣議決定しました。一基一〇〇〇億円します。それを二基購入し、秋田県と山口県に配備し、北朝鮮からのミサイルを撃ち落とすというのです。値段は当初の一基八〇〇億円から次々に跳ね上がって、一二〇〇億円になるという報道もあります。いったい、高度一〇〇〇キロメートル以上の空域を秒速六キロ、一秒間に六キロ（！）の超高速で飛翔するミサイルを、どうして地上から撃ち落とすことができるのか。

いまや日本という国が、中国・北朝鮮脅威論を口実にしてアメリカの軍事戦略下に組み込まれている。しかも日本のなかにも軍産官学複合体が生まれ、それが政治の積極的な後押しを得て、根本から強化されてきている。その大義名分が、日米基軸論であり、日米安保論なのです。

そもそも日米基軸論という言葉自体、おかしい。昔から新聞やメディアで日本人はいつも「日米関係」と言い続けていますが、アメリカに行くと誰もJapan-US relationsと言っている人はいません。US-Japan relationsです。われわれはいつの間にか、言説の世界のなかで、「米日基軸」論を「日米基軸」論と逆転させ、私たちの世界像の軸に据えているのです。いつもわれわれが先で主体的であるかのように、アメリカを後にしています。

白井 本当は、米日関係と言わなきゃいけない。

進藤 そうなのです。それなのに、「日米基軸」などという言い方で、メディアもそうだし学者も、知自体が日本の置かれている世界的な位置を把握していないのです。だから突き詰めていくと、やっぱり知の問題に突き当たります。

オバマの広島訪問で見えた日本のアメリカコンプレックス

進藤　二〇一六年、オバマが広島を訪問しましたが、結局このことは、アメリカ帝国主義に免罪符を与えるようなものでしかありませんでした。あのときオバマは演説の冒頭で、得体のわからない「巨大な何かが空から落ちてきた」という迷文句で始めました。大量殺戮兵器である原子爆弾を米国が投下した、といった原爆投下責任論につながる言葉は一切使わないのです。原爆投下に関する歴史実証はすでにされています。要するにそれは、米国の戦後対ソ冷戦戦略の一環であって、日本に原爆投下をしなくても、ロシアの参戦によって日本敗北の道がすでに敷かれており、あえて原爆投下する必要はなかったということが実証されています。私も、それを膨大な一次史料を使って実証しました。いまから二〇年近く前、岩波書店から出した『戦後の原像―ヒロシマからオキナワへ―』のなかでです。

だからこのオバマの広島訪問と演説は、アメリカの原爆投下に対する正当化です。それをまた、日本の被団協や被害者たちが、涙を流してオバマに抱きついて「和解」を演出している。

白井　あれは醜悪な瞬間でした。

進藤　これは日本の左にも右にも通底している、アメリカ・コンプレックスじゃないですか。

白井　アメリカの大統領が広島や長崎に来て言うことは、まああの程度のことだろう、というのは想定の範囲内だったと思います。問題は、それを受け止めた側、つまり日本側にあった。安倍政権が「和解」演出のシナリオをつくって、それに平和運動の側も全面的に乗っかってしまったわけです。それが醜悪だったということです。

原爆を語り継がねばという使命感を持った人たちによって、これまで教育も含めて、本当に膨大な努力が注がれてきたわけですが、言ってみればそういった努力に対して泥を塗ったということだと私は思いますね。だから日本の反核運動も平和運動も、その主流派はアメリカが許容する範囲内のもの、言い換えれば、アメリカを非難しない範囲内でのものにすぎなかったという現実が表面化しました。

それはおっしゃるとおり、右側と同じで、歴史修正主義と相似形を成しています。靖国神社参拝を首相がやってアメリカが「失望した」と言ったら、もう行けなくなった。あるいは、従軍慰安婦問題でも、アメリカが「ちゃんと手打ちしろ」と言ったら、「解決済みだ」とずっと言っていたのに韓国政府と新たな合意を結ばざるを得なかった。つまりは、日本の歴史修正主義者がどのくらい歴史を修正できるのかはアメリカが決めるのです。

あの和解演出路線に乗ってしまったら、これと同じではないですか。安倍政権にとって、オバマの広島訪問は選挙対策でしかなかったのですよ。なぜならそもそも、戦前支配層から連続する親米保守派にとって、原爆投下は、それによってソ連の対日参戦の意味が減退したわけで、痛恨事でも何でもないのです。原爆を落とされたおかげで彼らの首がつながったのですから、彼らの本音は「感謝」ですよ。日本の平和運動・反核運動は、いい加減、この事実を認めなければならない。この認識がないから、あんな目を背けたくなる光景を見せつけることになった。

進藤　本来反核運動にしろ核廃絶運動にしろ、その先のシナリオを具体的に描くべきなのです。核廃絶運動が、核抑止論の持つ虚構性、「核の傘」に安全保障を依存する日本外交の陥穽《かんせい》を明らかにした意義はどれだけ評価してもしきれません。にもかかわらず、その先のシナリオを、外交政策論の展望とともに描かなくてはなりません。自衛隊憲法九条違憲論を唱えているだけでは意味がないのです。

白井　メディアも思考停止ですから、オバマの広島訪問について、ただ和解みたいな扱いをしている報道がほとんどでした。大メディアは「永続敗戦レジーム」の中核ですからそんなものにすぎないのは、これまた当然ではあるのですが。

　繰り返しますが、メディアだけでなく、戦後日本の対米従属の問題を視野に入れない平和主義もダメだということなのです。オバマの広島訪問をはっきり批判した広島の著名人は、平岡敬元市長だけだったのではないか。「毎日新聞」のインタビューで、平岡さんは「日米両政府が言う『未来志向』は、過去に目をつぶるという意味に感じる。これを認めてしまうと、広島が米国を許したことになってしまう。広島は日本政府の方針とは違い、『原爆投下の責任を問う』という立場を堅持してきた。いま、世界の潮流は『核兵器は非人道的で残虐な大量破壊兵器』という認識だ。それはヒロシマ・ナガサキの経験から来ている」。「広島は大統領の花道を飾る『貸座敷』ではない。核兵器廃絶を誓う場所だ。大統領のレガシー（遺産）作りや中国を意識した日米同盟強化を誇示するパフォーマンスの場に利用されたらかなわない」とおっしゃっています。まさにそのとおりだと思う。しかし、このような見方は、広島でも少数派なのでしょう。

それから、広島のこうした反応と並行して、広島市立大学付属の広島平和研究所が、数年前からおかしなことになっているのです。平和学の専門家がポストを奪われる一方、外務省と防衛省出身者を厚遇している。要するに、安倍晋三の積極的平和主義を応援するという方向に舵を切ろうとしているように見える。広島で培われてきた平和主義は、安倍政権の積極的平和主義に活かされるのだと！　気が遠くなるような堕落ですが、でもこれは、私は必然的な帰結だと思っています。原爆投下の意味と戦後日本の親米保守勢力の支配との関係に内在する本当の論理を突き詰めてこなかった人々は、こういうところに落ちていくのだと思います。

進藤　結局、安倍首相が真珠湾を訪れ、オバマが広島を訪問したという、このことは何を意味しているのかというと、要するに太平洋戦争の意味をはき違えているわけです。

アメリカが広島へ原爆投下をし、それでアメリカに負けたと理解している人も多いですが、実は太平洋戦争の一番の日本の敗戦要因は、アジアで敗北したことなのです。中国大陸で、あるいは朝鮮半島で日本は苦戦し、中国の人民解放軍などの民衆の戦いに敗北したことが敗戦の要因です。アジア・ナショナリズムとの戦いのなかで日本は敗北したのです。この視点が、安倍首相からはすっぽり抜けています。

日本の国際政治学者も太平洋戦争を研究していますが、入江昭さんなどはそれを「日米戦争」と定義している。日本国際政治学会の大御所であった故・細谷千博先生などは、いやそうではない、「日英戦争」だと定義し直している。こうした見方は私から見たらばかげた話です。言葉のお遊び以上の、歴史像の陥穽がありますね。

太平洋戦争の本質は何なのか。それは一九三一年の柳条湖から始まる一五年戦争です。他人の国に攻め入って、しかもそこに植民地をつくる。満州国という傀儡国家をつくった。そうした視点がすっぽり抜けてしまっています。しかも日清戦争で台湾や尖閣諸島を占領し、日露戦争で朝鮮王国や竹島を支配し、その朝鮮半島を三〇年以上、一九一〇年から植民地下に置いたという視点も抜けています。

日本が中国やアジアで戦争に負けたという視点がないのです。それがやはり、日本人の対米観や対中観のゆがみをつくっているのです。

白井　純軍事的な側面から言えば、中国に負けたというよりも、結局勝てなかったということであって、だから負けた気がしていないということなのでしょう。でもそれは国際法的な意味での戦勝・敗戦ということとはまったく関係がないことなので、いくらそれを、「いや、単に勝ちきれなかっただけだ」と言ってみても、それは強がっているだけのことで、相手にされないという、当たり前の現実をいまだに日本人はわかっていないのです。

進藤　だからポツダム宣言を理解できないのです。イギリスとアメリカとロシアと、それから中国の蒋介石が、四ヵ国でポツダム宣言を結んで、それを天皇陛下が受諾しましたと四五年の八月の一〇日に言ったのは、アメリカだけじゃないのです。日本の最大のポイントは、やはり植民地戦争に敗北したということなのです。それなのに、安倍首相は国会での野党側の質問に対して、「そうした（ポツダム宣言が何かという）ことは、つまびらかにしていません」と答弁している。

そしていま安倍首相がしようとしている和解は、肝心のアジア諸国ではなく、アメリカとロシアだけです。ロシアとの領土問題に関しては、安倍さんばかりじゃなくて、日本の政治家すべてが、ポツダム宣言の受諾によって自分の領土でなくなったものを自国の領土だと言い続けているわけです。

白井　日本の領土であると敢えて言い募るのであれば、サンフランシスコ講和条約への調印を取り消さないといけないという話に筋論からはなるのですが、そのことを理解している政治家は少数派でしょうね。ここに日本政治のレベルの低さが表れていますし、このことを国民の目から隠し続けてきた外務省は、万死に値します。

日本人がいまだにもっている反アジア主義史観

進藤　いまの日本のナショナリズムというのは、つまるところ反アジア主義ですね。ヘイトスピーチに代表されるように、中国とか朝鮮、韓国を自分たちより下位に見て、一五〇年の大日本帝国の歴史のなかに現在も未来も位置づけたいという、ポテンシャルな意識があるのだと思います。それが、明治維新一五〇年祭の挙行を契機に浮上し続けています。

白井　はい、そうした歪んだプライドが核心だと僕も思います。

進藤　だから依然として『坂の上の雲』の司馬遼太郎の歴史観のなかで生きているのです。

白井　アジアで唯一の近代国家であるということがナショナル・プライドの核心になっているものだから、韓国にしろ中国にしろ、永遠に後進国でいてくれなきゃ困るという話なのです。

進藤　黒田勝弘さんという元産経新聞の朝鮮問題の専門家は、二年ほど前から、「韓国の賞味期限は切れた」という発言をしていました。いままで金大中《キムデジュン》政権以来、韓国のデモクラシーは日本の民主主義を学びながら進展してきたけれども、朴槿恵《パククネ》政権の汚職腐敗や歴代政府の反日政策を見て、もう「賞味期限が切れた」というふうに言っているのですね。

しかし、現実には文在寅《ムンジェイン》がたくさんの民衆の支持を得て、大統領として登場してきました。大したものだと思います。文在寅大統領の大統領府でのランチのシーンが印象的です。彼がどこで昼食をとるかというと、一般の職員食堂で、ランチ・トレイを手にして職員たちと一緒にするのです。これはこれまでの韓国大統領にはなかったことです。日本の首相や大臣が、高級フレンチレストランで側近や記者たちをはべらせ、国民の税金を使って超高額の食事を昼間からとるのとは段違いです。

金大中さんが軍政時代に「いまに韓国は日本よりも民主主義が進むことになります」と言った理由が、現実にいま目に見えるかたちになってきているとも言えます。

白井　だからはっきり言うと、いま、政治的には日本は東アジアで一、二位を争う最低の後進国だと思います。

韓国も台湾も、民衆の権威主義体制との長い闘争を経て、民主主義を手にしたと誇れる状況にあると見えます。ところが、韓国や台湾の民衆の激しい運動を見て、日本人の多くが、「民主主義が未熟だから混乱している」などと感じている。馬鹿も休み休み言えという話です。日本の民主主義は死んでいることを成熟と勘違いしている。

それから、中国はずっと一党独裁が続いていて政治的には文句なしに後進国ではないか、という反論もあると思いますが、そんな単純な話ではないでしょう。現代の中国人の言動に接するに、共産党を単純に支持しているわけではない。役人や政治家の汚職に対する民衆の目が厳しいからこそ、それなりの対応を指導者層も迫られています。加えて、人々の活力が違います。たとえば農民工が抑圧されているなどと言われますが、農民工の人たちも仕事場で何かあれば、その場で即座に労働争議を始めるような生命力を持っている。だから日本人ほど生気を失っている民族というのは、いまアジアのどこを探してもいないです。

進藤　「自分の国の将来に希望を持てますか」という世論調査をすると、先進国でありながら、日本は最低なのです。先進国と途上国、一〇ヵ国ぐらいで行った世論調査ですが、日本は十数％で、二〇％に行かないのです。一方、一番高いのが中国です。七五％を超えています。ドイツ・フランスは五〇％内外で、アメリカは少なくて三〇％ぐらい。「中国をどう見ますか」というピュー・リサーチ・センターのデータによると、ドイツなどの諸外国はだいたい五割ぐらい、韓国は七割ぐらいが中国に好感を持っています。中国に対する評価が一番低いのが日本で二〇％以下です。中国を好きだと答えたのは、最近増え始めているとはいえ、二〇％を少し超えた程度なのです。だから世界で日本人ほど中国が嫌いで、日本人ほど自分の国の未来に夢を描くことのできない国はない現実を、データは示しているのです。

白井 中国に対してはやはり、日本は恐怖感があるのだろうと思うのです。隣にいてあんなにでかいから怖いなというふうに感じるのは、無理からぬところもあり、現に前近代の歴史を見れば、日本は大陸からの強い影響を受けていたわけですよね。しかし、最悪なのは、現実を見ようとしない姿勢です。あんな国はどうせ不動産バブルが破裂してもうすぐ没落、崩壊するのだと散々日本のメディア、識者が言ってきましたが、崩壊していない。中国のある高官は、「崩壊したのは中国崩壊論のほうだった」という皮肉を述べたそうですが、そのとおりだと言わざるを得ない。この数年間、中国脅威論と中国崩壊論という真逆の立場の間を右往左往するという醜態をさらし続けてきました。恥ずかしい話です。

進藤 日本には中国に対して、ネガティブな評価しかないのです。だからある意味でやはり、司馬遼太郎史観のツケというのがあると私は思います。司馬遼太郎さんのいいところもたくさんありますし、素晴らしい歴史家だと思いますが、あの『坂の上の雲』にあるような、明治維新礼賛、大日本主義の立ち位置にしばられる時代は終わったと思うのです。

実際、半藤一利氏が最近明らかにしているように、日露戦争後、海軍も陸軍も正しい戦史をつくっていたけれども、公表したのは、日本軍の戦功を礼賛した「神話」としての戦史でした。正しい戦史を記録した冊子はすべて、太平洋戦争敗戦時に焼却したことが、最近明らかになった。司馬さんは、その公表された軍の正史だけによる「神話」に依拠して、日露戦争を評価礼賛しているというのです。

これからの日本がとるべき道は、明治維新以来の大日本主義ではない。いわば「中日本主義」的なミドルパワーとして、あるいは小日本主義でこれからの日本は行くということが必要なのです。戦前の大日本帝国の時代に、石橋湛山が掲げたあの思想を少しでも広めていく、そのためにアジアのなかでグローバリズムに対する緩衝メカニズムとして東アジア共同体をつくりあげていくという、そういったシナリオをもっと広めるべきじゃないかと私は考えています。それを、たとえば一帯一路構想につなげていくべきです。

北方領土問題の解決と対米従属という矛盾

白井　ロシアとの関係においては、安倍さんは何度もプーチンと会談し、メディアも北方領土問題が具体的に進展するかのような報道をしましたが、結局、いまのところ何も進展していないというのが現実です。本来であれば、メディアもこの点を徹底的に批判しなければいけないのに、その様子はほとんどありません。これは本当におかしなことです。

これまで中曽根とレーガンのロン・ヤス以来、ある種の演出ではありますが、アメリカの指導者と日本の指導者との間に特別な友情、親密なる関係をつくることで、国家間同士の利害対立などもうまく調停できると考えて、日米外交をやってきました。安倍さんが愚かなのは、同じ手がロシアにも通じるはずだと考えているところです。だから「ウラジーミル」などと呼んで、すり寄っていったのです。

プーチンも、こんなに何度も会いに来るというのは本気なのかもしれないと、一時期、安倍さんを買いかぶった瞬間があったと思うのです。でなければ、やはりあんなに何度も会わなかった。察するに、だから一時プーチン訪日が決まったときには、今度こそ北方領土交渉が動くというふうに日本のメディアも流しました。

それから、明らかにロシア政府が背後にいると思われるスプートニクというサイトでも、いわば期待感を漂わせるような記事がいくつも出て、どうもこれはロシアも本腰を入れているようだとうかがえる部分がありました。

ですから僕も非常に注目していました。なぜ注目するかといったら、もし本当に北方領土問題で確たる一歩が刻まれるのだとすれば、これは僕が『永続敗戦論』を書いて以来、初めてあの本で説明できないことが起こるという事態だからです。基本的に安倍政権下の日本の政治で起こったことは、全部あの一冊で説明できるわけですが、説明できないことが初めて起こるのかと注目していました。しかし、やはり実際は何も起きなかった。

朝日新聞が報じましたが、決定打だったのが、首脳会談前に谷内正太郎がモスクワで行った事務方同士の折衝だったようです。そこでロシア側は、トリッキーな質問を出したのです。「歯舞《はぼまい》・色丹《しこたん》の二島返還をとりあえずはするとして、もしそれが実現したら、そこに米軍基地が置かれる可能性はあるのか」と日本側に質問しました。これに対して谷内は

「ある」と言ってしまったのです。

確かに原理原則論から言えば、それは「ある」と言えます。日米安保条約は例外を認めていないわけだから、日本の領土に歯舞・色丹がなりましたという時点で、確かに論理的にその可能性は発生するわけです。

しかし、ロシア側はそうした事情は承知のうえでしょう。だからこれは文字どおりの質問ではない。別に歯舞・色丹に基地を置かなくても、北海道に基地を置くことだってできるのですから。あえてこの質問をする真意は、「これまでの際限ない対米従属の方針を見直す覚悟が少しぐらいはあるのですか」ということを実質的に聞いてきたわけです。それなのに、米軍基地が置かれる可能性が「ある」と言ってしまった、つまり「見直す考えはない」と答えてしまったわけです。

これではもう、交渉は決裂するはずです。この事務方の折衝を受けて、熱は急激に冷めていった。プーチンが来日直前に日テレのインタビューを受けていますが、そこではもうバッサリと日本側を切り捨てています。「日本にはアメリカとの同盟関係があって、いろいろな拘束もあるのだろうが、それでも独立、自立したいという気持ちぐらいはあるのかと思っていたが、どうもそれすらないようだ。私はそういう相手とはまじめに話しても意味がないから、話さないのだ」と、ものすごくわかりやすく翻訳すれば、そのように言っていました。もちろん表現は、もっとオブラートに包んだ言い方ですが。さらには、来日時の会見で、「ダレスの恫喝」に言及することすらしました。そこには日本の支配層のあまりの不甲斐なさに対する苛立ちがにじんでいます。

進藤 よく国際政治学者はリアリズムという言葉を使いたがるのです。「平和のリアリズム」とか「集団安全保障のリアリズム」とか。要するに現実主義です。可能性のあるなしを見極めて、その可能性のあることに自分の国の資源を使う。人的資源を含めて外交資源を使い、外交の道筋を描くということです。

しかし、その点に関して言うと、私は竹島にしろ北方領土にしろ、あるいは尖閣にしろ、日本の外交姿勢はリアリズムの壮大な欠落です。簡単なことです。要するに実効支配している国は、領土を渡さないのです。あり得ないことです。ロシアの択捉・国後だってロシアが実効支配しています。竹島だって韓国が実効支配している。逆に言うと日本だって尖閣を実効支配しています。だから中国がいくら日本に要求してきても、中国に引き渡されることはあり得ない。それなのに、日本の主流派知識人もメディアも、与党も野党もこの歴史と国際関係の現実を見ようとも論じようともしない。だから、いつまでも歴史認識問題がぶり返してくる。ナショナリズム、国権主義の罠にはまっていくのです。
サンフランシスコ講和条約以来、七〇年近く日本は領土ゲームの虚妄のなかで生き続けてきたともいえるでしょう。日本のメディアや政治は、こうした歴史の現実を見ようとしない。だから、いつまでも歴史認識問題がぶり返してくる。ナショナリズムの罠にはまったままなのです。この点では、右から左まで、日本会議や自民党から民進党や共産党まで同じなのです。

白井 ロシアはあれだけの長大な国境を持っていますから、当然たくさんの領土問題を抱えていました。それがプーチン政権になって、ただ一つを除いて全部解決したのです。その最後の一つが、日本との北方領土問題です。つまり、これほどプーチン政権は、領土問題をなくしていこうという姿勢がはっきりとある政権なのに、日本だけが解決できないでいる。

進藤 プーチンが欲しがっているのは何かといえば、それは日本のお金です。日本に領土を返すとちらつかせて、日本から巨額の援助を引き出している。冷戦以降、ロシアが日本からせしめた経済援助総額は一兆二〇〇〇億円に達しているのです。

白井 にもかかわらず、一島たりとも返ってきていないわけですね。

進藤　あり得ないことを日本は追いかけ続けている。だから外交感覚の壮大な欠落、あるいは歴史認識の欠落、真の意味でのリアリズムの欠落なのです。

一九九四年には、エリツィンが下田にやってきて、橋本首相と会談しましたが、そのときも朝日が大々的に、北方領土問題が解決するチャンスがやってきたと、さる有名なソ連問題専門家の論文を掲げて報道していました。この間のプーチンが下関にくるときの報道と一緒です。日本という国は、残念ながら外交感覚がないということでしょう。

白井　あの九〇年代、ロシアが一番混乱して弱体化していたときに、返還まで漕ぎつけなかったわけですから、いま日本側にとってももっと良い条件で問題を前進させることは難しいことだと言えるでしょう。

さらに、今年に入ってから、ロシアは色丹島での開発に着手すると言い出しました。ここにはロシアの決定的な態度変更が含まれています。これまで、国後・択捉の開発はやってきましたが、色丹・歯舞には手をつけなかった。そこには、ロシアの「日ソ共同宣言の内容に従って、国後・択捉はロシア領だが、歯舞・色丹はいずれ返すもの」という原則が透けて見えます。今回、この原則を変更したということです。これこそまさに、この間の安倍政権との交渉を経てのロシア側の結論なのです。安倍の外交は、対露でも破綻しました。しかも、色丹島の開発事業のパートナーは、アメリカ企業だという。もうこれは、滑稽の極みです。「アメリカへの配慮」から北方領土問題をずっとスタックさせてきたのに、あろうことか、ロシアとアメリカが手を組んでやるというのですから。

発掘された天皇メッセージが示す日米安保の正体

進藤　終戦間もない一九四七年、昭和天皇がアメリカに対して沖縄の軍事占領を希望した極秘文書を、私は一九七八年夏に、ワシントンで発見しました。

一九四七年九月一九日に天皇の御用係の寺崎英成が大使館を訪ね、当時事実上の日本公使だったシーボルドに面会し、口頭で天皇の意思だということで、「日本国天皇は沖縄に対する米国の軍事占領が二五年ないし五〇年あるいはそれ以上にわたって続くことを希望する。それが日本の防衛に役立ち、かつアメリカの利益になるだろう」というメッセージを伝えています。中国・ロシアからの共産主義の伸長に対抗する手段として、当時は日米安保も結ばれていませんから、アメリカ軍に居座ってもらいたい、しかもそのために沖縄を、いわば半永久的な米軍基地とするよう、差し出したい、と頼み込んだわけです。米軍による事実上の沖縄基地恒久化、いわば租借の申し出です。これを、天皇の意思だということで伝えました。

シーボルドはそれを聞き、すぐにマッカーサーに上申し、同時にワシントンDCの国務省、マーシャル国務長官に伝えます。これは御用係寺崎個人の意見ではなく、天皇とその周辺の一致した意見であると伝えます。

当時まだ沖縄をどうすべきかということは、アメリカの占領軍のなかでも確たる方針が決まっていませんでした。それで国務省はその報告をすぐに、政策企画部のトップだったジョージ・ケナンに伝えます。国家安全保障会議（NSC）が新設されて、外交政策の総元締めである国務省の中核にケナンが座ります。ケナンもマーシャルもこの報告に大変驚き、また、すばらしい機会だ、これで踏み切るべきだと喜びます。

そして翌年、一九四八年三月に、現実に日本国内の動向はどうなっているかを調べるためにケナンは来日します。その来日一ヵ月前、二月二八日、再び寺崎がシーボルドを訪ねます。そして、アリューシャンから日本列島、台湾、それからフィリピンに至る、このディフェンスラインを構築すべきであり、その中心に沖縄が置かれるべきであるというメッセージをもう一度伝えています。そのときシーボルドは、この内容が寺崎個人の意見ではなく、天皇と天皇周辺の日本支配層の考え抜かれた答えであり、要するに日本にその受け皿があるというふうにワシントンに伝えられています。

そこでワシントンはケナンを派遣し、対日政策を転換するわけです。そのためには担い手が必要であるということで、戦後追放されていた親米派をもう一度復権するべきだと考えます。そのなかの一人が岸信介です。彼らを復権させて、彼らに権力を担わせて、アメリカの「プロテクトレイト（進貢国）」にすべきだという方針に転換するのです。同時に日米安保を構築すべきだと考えます。しかも日米安保というのは、単にソ連からの攻撃に対して対処するだけではなく、日本国内における赤化分子、共産主義者たちによる内乱を防ぐために必要だと考えていました。だから一九五〇年にサンフランシスコ講和条約と同時にできた第一次安保条約には「内乱条項」が入っているのです。内乱を防ぐために米軍が必要であるというのは、天皇メッセージの基軸です。

当時、日本の戦後民主主義体制をつくる過程のなかで、占領軍のなかで右派と左派の対立がありました。日本国憲法の起草にも当たったチャールズ・ケーディスたちニューディーラーたち民政局と、右派のチャールズ・ウィロビーら参謀部の対立です。ウィロビーたちの参謀部であるG2が、いまのCIAのアジアにおける原型になっています。

実は、寺崎がシーボルドを訪問する一九四七年九月一九日の一ヵ月前、八月一七日のことです。マッカーサーの下で民政局であるGSを統括していたアメリカ国務省の日本代表、事実上の駐日米国大使であるジョージ・アチェソンが、ハワイ沖の飛行機墜落事故で亡くなります。それによって、彼の後任になるのが副官のシーボルドなのです。シーボルドは保守派です。夫人は高松宮妃殿下と戦前からの友人で、皇室とも非常に強いつながりがあった。

私はこの墜落事故はG2（米国占領軍諜報部）トップのウィロビーたちの画策だったと読んでいます。この飛行機墜落事故によって右派のシーボルドが登場するのです。私はシーボルドが亡くなる一年ほど前、彼の住んでいるフロリダのタンパにある高級別荘地を、例のシーボルド日記のことを確認するために、二度にわたって訪ねました。そうしたら、シーボルドの隣の家がなんとウィロビーの家なのです。ウィロビー夫人とシーボルド夫人が姉妹なのです。なるほど、こういう関係で動いていたのかと思いましたね。

ですから当時は、壮絶な権力闘争が占領軍の内部でも、日本政治内部でもありました。その結果、片山哲や芦田均、三木武夫らリベラル中道左派は追い落とされ、吉田茂の親米的保守政権、自由党政権を擁立するシナリオが描かれ、それが現実になっていきます。

白井　GS（民政局）はかなり、当時の社会党に期待していました。特に右派社会党ですね。しかしG2との権力闘争が激しくなって、昭電疑獄事件などが起こってくる。これは、G2側がGS側を追い落とすために仕組んだ謀略という側面がありますよね。

進藤　ちょうどそのときに、日本の検察庁に特捜部の原型ができるのです。その特捜部の暗躍で、占領軍は、吉田自由党と組んで芦田を追い落とし、牢屋にぶち込み、吉田親米政権への道を開いた。現職の首相で三ヵ月、実際に牢屋に入れられた政治家は芦田だけです。

いまに至るも続く日米安保について、日本の日米安保擁立派学者グループの総帥、リアリスト・グループの永井陽之助先生などは、「日米安保はノーチョイスだった」と言います。つまりソ連が攻めてくる現実のソ連脅威の下で、日本にはこの選択肢しかなかった。当時のソ連や中共からの対日侵略の脅威にさらされていた小国日本にとって、アメリカから提示された日米安保は、日本側から要請したものではない。不可避的な選択肢だったと主張しています（永井陽之助『平和の代償』中央公論社、一九六七年）。

しかし安保は、けっしてノーチョイスではなかった。先ほどの天皇メッセージでも明らかなように、実はアメリカから与えられたのではなく、日本側から密かに働きかけ、米国側にお願いしたものだったのです。

白井　進藤先生が天皇メッセージをアメリカで発見されたときというのは、そういうものがあるに違いないと見当をつけて探しに行ったのだと思いますが、戦前戦中の昭和天皇の様々な言動からして、戦後の始まりにおいても、何もしていないはずがないというふうに確信されていたということですね。

進藤 おっしゃるとおりです。それに東京裁判において、天皇を戦争裁判にかけるべきだといった意見が、オーストラリアやニュージーランドからも出てきている状況を、なぜ天皇はくぐり抜けることができたのかという意識もありましたね。あのとき、歴史の真実を明らかにしなくてはならないという、知識人としての責務のようなものに突き動かされていました。

アメリカを利用し、己の利権を守ろうとする人々

進藤　猿田さんや鈴木達治郎さんの『アメリカは日本の原子力政策をどうみているか』（岩波ブックレット）に書いてありますが、原発稼働ゼロを目指す日本政府に対し、その再考を促すような発言がＣＳＩＳ（米戦略国際問題研究所）からありましたが、あれは日本側からＣＳＩＳにそのように発言してほしいと頼み込んだ結果だといいます。アメリカにもアメリカの原子力村があって、ＣＳＩＳのトップであるジョン・ハムレは、大手原子力産業の企業顧問をやっている人物で、日本の原子力村とも近く、巨大なお金が日本から入っているという構造だといいます。

白井　私も猿田さんの著書に教えられたことですが、ＣＳＩＳのようなシンクタンク、あとヘリテージ財団なども、最大のスポンサーが日本政府だったりするわけです。

進藤　そのとおり、日本政府なのです。二年前、ワシントンの一六番街にあるＣＳＩＳに

行きましたが、たいへん驚きました。私が学生時代のころは小さなオフィスで、ビルのワンフロアかツーフロアしかなかったのが、いまでは一六番街の角にピカピカの壮麗な巨大ビルに変貌しているのです。

白井　要するに日本は、巨大なカネをアメリカのある特定の人たちや勢力に貢いで、それで命令してもらうということをやっているのです。

進藤　それによって、自分たちの利権を確保するという構造なのです。情けないことです。TPPも同様の構造です。TPPは最後まで議会下院を通るか通らないかわからない状況でしたが、民主党のTPP反対議員を一人、TPP賛成派に鞍替えさせれば、ファスト・トラック法案を通過させることができる。TPP政府間交渉が成立したら、上院の審議にかけずに条約発効が可能になるという事態になった。二〇一五年の六月、日本のグローバル企業の利権に連なるロビイストが選挙資金として、一〇〇億円近いカネを提供しました。原資は国民の税金からです。

日米のグローバル企業連合ができていて、それとアメリカのシンクタンクや日本の官僚とが一体化して、永続敗戦を支える権力構造、利害構造というものができあがっているのです。だからこそ、この永続敗戦の構造から抜け出るのが大変なことなのです。

日本の財界人たちが変わり始めたのか

進藤　私も中国や韓国に行くたびに、日本は植民地支配をしてきたという歴史認識があまりにもなさすぎると感じます。『坂の上の雲』で、光り輝く大日本への道をつくり上げてきた意識ばかりが強くて、そのために犠牲になった部分が削ぎ落とされた歴史観がはびこっているように感じます。だからいまごろまた教育勅語が肯定的に取り上げられたり、銃剣道が教育現場で復活する動きがあったりするのです。共謀罪も成立し、もう本当にわれわれ学者がどうしたらこういったことに反対の道を開くことができるのかと考えてしまいます。

白井　私はその点についてはかなりドライに見ていて、私自身は全力を尽くしますが、馬鹿は死ななきゃ治らない、なるようにしかならないと思っているのです。やはりもう一回、痛い目に遭わないとダメなんじゃないかなと。

進藤　私は少し違う見方をしています。現実が、このままの道を日本に選択させないと思っています。中国主導でＡＩＩＢができ、一帯一路構想が打ち出され、世界の主軸がアジアに移ってきています。しかもアジアには生産のサプライチェーンができていて、現実のアジア経済の動向が日本経済を支えている動きが深化している。そうした現実の展開下で、日本の経済人たちも、右派にしろ左派にしろ、確実に態度を変え始めたと見ています。企業にとって経済利益の最大化が彼らの行動原則ですから、このままアメリカべったりではやってはいけない、アジアの一帯一路構想のなかに入っていかなければ、それを、ＡＤＢ（アジア開発銀行）だけでなくＡＩＩＢとも協力しながら進めていかなければ、自分たちの企業利益が確保できないという認識を持ち始めている。

白井　もちろん論理的に考えればそのとおりだと思うのですが、そうであるならば、とっくに安倍政権は財界からも見切りをつけられて、終わっていないとおかしいはずだと思うのですが、そうはなっていない。

進藤　ですから、先日のアジアの未来会議（二〇一七年五月）で安倍さんが「ＡＩＩＢへの参加の可能性もあります」ということを言い始めています。二階幹事長が日中経済協会所属の代表団を引き連れて訪中し、一帯一路に参画するつもりがあると言ったりしている。

いや別の見方をするなら、アメリカが日本よりも先にＡＩＩＢに入るということも十分あり得ます。もしそうであれば、これは第二のニクソン・ショックならぬ、トランプ・ショックでしょう。アメリカはいまテリー・ブランスタッド元アイオワ州知事が中国大使です。氏は、習近平青年が一九八四年に農業研修生としてアイオワ州にホームステイしたとき以来の長い付き合いを持っているのです。若い時期にアメリカで過ごした経験のある習近平は、とてもアメリカ好きと言われています。彼の大好きな映画は『ゴッドファーザー』なんですね。長女はハーバードの学生でした。

だからアメリカが、日本の頭越しにＡＩＩＢに入るとか、一帯一路構想に参画する事態の展開も十分考えられます。もしそうなれば、日本が先進国でＡＩＩＢに入っていない最後の国になる。

白井　思うに、日本の財界人あたりまで、いま、脳みそがネトウヨ化してきているのではないでしょうか。たとえば靖国神社問題にしても、これは突き詰めて考えるとなかなかややこしい問題ですが、ともかくも小泉政権時代においては小泉純一郎氏が靖国に行って大騒ぎになると、財界人、それから「経団連日報」たる「日経新聞」もやはり批判をしていたわけです。その批判自体は内容に深みのないもので、「そんなことをやると商売あがったりになるからやめてくれ」という、ものすごく安直な、エコノミックアニマル的な批判なのですが、それでもとにかく批判は出ていました。それが安倍政権になって、そんなことをする財界人がいますかという話です。現役は全員沈黙ではないですか。もう、エコノミックアニマル的な理性すらなく勇気もないということなのでしょう。財界人たちは、自分自身の利害すら見ることができないほど知的に劣化している。そこまで状況はひどくなりました。

新自由主義路線から共生戦略への転換を

進藤　日本の民主党政権の崩壊の始まりは、鳩山首相が退陣して、菅政権になったころです。菅直人さんが首相就任してからひと月ほどでまず何をやったかというと、ＴＰＰ賛成論を打ち出すのです。あの直前、二〇一〇年一〇月に、当時の経団連会長、米倉弘昌住友化学会長がモンサント社と遺伝子組み換え技術に関する業務提携を結んでいます。その数日後です。彼らの働きかけで、菅さんはＴＰＰ参加に踏み切り、それまで民主党政権が打ち出していた東アジア共同体構想からもアジア重視外交からも手を引くのです。これが、民主党政権崩壊の始まりだったと見ています。

企業人は自分の利益の最大化を図ろうとします。当時はＴＰＰを推進していました。しかしトランプのＴＰＰ離脱宣言でＴＰＰがダメになったいま、経済人として彼らなりの鋭い感覚で、やはりアジア市場だという見方を次第にし始めている。そう私は捉えています。

そうした状況下で、知識人はどのような役割を担えばいいのか。経済を実際に担っている方々に絵を見せる、シナリオを描いていくことだと思っています。これが実は日本の取るべき道であり、あなた方の生きる道でもありますよという絵を見せる。それが、時代を先取りできる知識人のあるべき役割です。残念ながら日本の場合、メディアはネオリベの支配が強く、経済学者もネオリベグループが主導権を取り続けています。今度の加計問題でも要するに「自由競争がすべて」で、「規制撤廃が経済活性化に不可欠だ」と言い続けています。

文科省に対して「あなた方が岩盤を半世紀にわたって作り続けてきたじゃないか。これをぶち壊すのが経済特区なんだ」と政権側の経済学者、竹中平蔵氏（元財務大臣）らは言っている。経済特区構想に関しては、実はほとんど注目されていませんが、数年前に立教大学の郭洋春教授（現総長）が、アジア太平洋資料センター事務局長の内田聖子さんたちと一緒に、『国家戦略特区の正体』という本を出されて、経済特区構想の危うさを暴いています。特区の多くはグローバル企業のためのもので、日本国民のためのものではない現実を明らかにしています。まさにいま、そのことがはっきりと見えてきているのです。

だからわれわれ知識人の役割とは、普通の市民が見えないものを見せることだと思うのです。私たち学者には情報がたくさんあるし、歴史も知っている。そのなかで日本と世界の未来をどう描くべきかを示すことができるはずです。官僚たちや御用学者が描くものではない、もう一つの世界を見せる役割です。その意味でメディアとの共同関係も必要でしょうし、経済人との共同活動も必要だろうと思うのです。

白井　同感です。経済人には、馬鹿どもが仕切っている国家に頼るのではなく、自分たちのビジョンが未来をつくるんだという気概を取り戻してほしいものです。安倍政権はあらゆる側面で破算しつつありますが、それは同時に日本のブルジョワジーの破算でもあります。安倍を支えてきた経済界の主流も打倒されねばならないのです。

進藤　二〇一七年の国際アジア共同体学会の秋季大会に、ある経済人代表を呼ぶことにしていました。オムロンヘルスケアという会社の社長の渡辺秀雄さんです。彼は中国でオムロンの血圧計、体温計など一億台売ったと言われています。オムロンの年商がいま一〇〇〇億円を超えるそうですが、その立役者です。中国には人口一三億七〇〇〇万人の市場が展開しています。しかも中産階級が六億人と言われます。そうした状況のなかで日本の経済人はいろいろなことをやっていますが、彼らとわれわれがコラボレーションすることで、実はもう竹中流の規制緩和の動きは日本をダメにするだけであるということや、アジアのなかで生きていく未来像を描き出すことができるのです。

これからは成長戦略ではなく、共生戦略です。成熟戦略と言っていい。二〇〇九年に民主党が政権交代したときに打ち出した戦略が三ページにわたって書かれていますが、いま読み直してもすごくいい。

ここにもう一つ言葉を付け加えるとしたら、私は成長戦略ではなく、共生戦略。二〇世紀には、一九世紀流のテリトリーゲームからプロダクションゲーム、生産性の最大化に移ってきましたが、二一世紀はサステナビリティ（持続可能性）最大化の時代、共生の世紀が到来しつつある。これが軸になると思います。

三つの共生が必要だと考えます。一つは市民社会との共生。市民と共に生きることです。ですから弱者切り捨てではありません。それから二つ目は、周辺諸国家との共生。すでに事実上の、生産や投資、消費や観光等の各局面で、デファクトの地域共同体ができている。三つ目は地球環境との共生です。地球環境とのサステナビリティ、持続可能性を最大化する。この三つの共生を軸にした共生戦略を日本の経済政策の、あるいは財政政策の主軸にしていくべきです。こうした世界像の転換を、現実の世界が動いているときだからこそ、いま考えていくべきだと思うのです。

その意味ではまさに一帯一路構想のいう陸と海のシルクロードを中心に、世界政治経済の主軸が、欧米からユーラシアへと移ってきている現実が見えてきます。いわば地政学、もしくは地経学の転換です。その地政学的、地経学的に大転換する二一世紀歴史像を手にしたとき初めて、日本の生きる道がはっきりと見えてきている。そのことを強調したいと思う。

アメリカニズムに洗脳された日本の知の現場

進藤　現在の日本政治の危機について言えば、野党が生まれない仕組みになっている政治システム自体にまず問題があるのでしょう。一九九三年から九四年にかけて、山口二郎さんや東大総長（当時）の佐々木毅さんたち大勢の政治学者たちが旗を振ってやった民間政治臨調が提唱し、小選挙区制が導入されてきました。あれで日本の未来が半分ついえたと私は思います。

当時、山口二郎さんはこんなことを言っていました。「これから四年か五年、国民は小選挙区制という圧力釜に入れられグタグタと煮つめられた後初めて、政権交代のある真の民主政治が実現できる」と。この根底にあるのはエリート史観、民衆軽視の思想ですね。

白井　もちろん選挙制度の問題はよく指摘されていますけれど、大概が技術的な批判にとどまっていて、本質に達していません。小選挙区制の導入で明らかになった最重要の事柄は、保守二大政党制なるものは不可能だったということです。保守二大政党とは結局、傀儡Aと傀儡Bにしかならないということがわかった。傀儡というのは、もちろんアメリカの傀儡のことです。鳩山さんは傀儡Bに留まらないビジョンを持っていたものだから、傀儡Bに留まらないことをやろうとして、クビになってしまいました。それで、鳩山・小沢が追放されたあとの民主党、民進党というのは、まさに傀儡の二軍そのものになっていたわけです。

そう考えると、システムの問題というものもありますが、傀儡でしかないような人たちは自民党に行っていただくしかないわけなのです。

進藤　私はやはり、日本はアメリカニズム、あるいはアングロサクソニズム（米英モデル）の罠にはまっていると思うのです。デモクラシーのお手本はアメリカで、二大政党制で、小選挙区制がいいと思い込んでいる。佐々木さんなども一年間アメリカに行って、すっかりアメリカかぶれして戻ってくるわけです。山口さんは英国に行ってイギリスかぶれしてくる。しかし米英のデモクラシー自体がいまや、サックス・コロンビア大学教授の言葉を借りるなら「ブロークン・デモクラシー」へと変貌した、民主主義が破綻した状態になっていると論難している。それは小選挙区制のためであり、金権政治のせいだというのです。先の州知事選挙で、共和党が使ったお金は、日本円で九四億円にのぼっています。現存するアングロサクソン流のデモクラシー自体が、十分機能しなくなっている。それなのにいまだに、日本人の多くは、特にアメリカとアメリカン・デモクラシーへの幻想を抱き続け、その反射として中国共産党一党独裁がダメだと批判をしているのです。

アメリカをモデルとするアメリカニズムの経済的側面はネオリベ、新自由主義です。要するに自由競争をやれば、すべてそれで淘汰され、システムが一層よく機能していくという考えです。獣医学部をたくさんつくって競争させ、淘汰して残ったものだけ残ればいいという考えです。当然その裏では、さまざまな利権とカネが、いわゆる官僚制利益とともに動いている。だからロースクールも同様の考え方で導入され、一〇〇ぐらいつくられましたが、三分の二が破綻している。戦後日本経済の繁栄をつくり上げた「計画経済」の逆張りなのですね。こういったネオリベの思想が、アメリカニズムの経済的側面を形成して、「失われた二十数年」をつくり上げている。

さらに言えば、アメリカン・デモクラシーを世界に推し進めることで、世界が豊かで平和になると、心底考えている人たちもいる。そうした考え方は、他国の「あの政権を倒壊させせろ」、「金正恩政権も倒したほうがよい」、「習近平独裁は軍事膨張主義体制だ」という発想につながっています。私はこのアングロ・アメリカニズム、特にアメリカ至上主義を、少なくとも知識人レベル、知のレベルで脱却していかないと日本の未来は開けないと考えています。

白井　まさにそのとおりだと思います。アメリカ幻想は知性も壊しました。たとえば経済学などその典型ですが、かつて日本の経済学というのはいろんな国の経済学を学んでいて、ある意味、世界の経済学のデパートみたいな様相を呈しているところに特色がありました。そうしたなかで、日本の経済学のオリジナリティが乏しいという批判もあり得たかもしれませんが、ともかくいろいろなものの見方を学ばなければいけないという謙虚なところがあって、実際に多様なものが学べるという点では世界的にも類を見ない優れた学問環境があったのです。

ところがここ二〇年ぐらいの傾向だと思いますが、経済学というのはアメリカのネオリベ、新古典派経済学だけになってしまったわけです。まだわずかにドイツ派だとかフランス派だとかマルクス派だとか残ってはいますが、これらが滅びるのも時間の問題ではないかというぐらいに先細ってきています。そのアメリカ資本主義がリーマン・ショックを起こして崩壊しているというのに、ますますそれをもたらした経済学に一辺倒にしましょうというのだから、僕に言わせれば、頭がおかしいとしか言いようがないです。

さらに悪いことには、政治学の分野でも経済学と同じことが起きている。アメリカでやっている科学的政治学なるものがますます幅を利かせてきています。数量的手法による政治学というもので、一見厳密で科学的に見えるわけです。しかし、その内実たるや、直感的にわかるような命題を一生懸命、数式によって証明したというふうに称するような学問にすぎません。たとえばどういう命題かといえば、「日本の国会がねじれ国会になると、法案が通りにくくなる」といったようなもので、そんなこと当たり前ではないかという命題を、「証明できた」と言って理論と称しているようなくだらない分野です。

なぜそのような空虚な学問が成立したのかというと、これは経済学に対するコンプレックスなのです。経済学は数学的方法を用いているので、文系の学問のなかでは科学的に見えます。しかし、本《もと》をただせば、経済学自体が物理学に対するコンプレックスから、数理化に走ったわけであって、だから本家の理系の人たちからは、経済数学などというものは、数学と呼ぶには値しなくて算数程度のものだといって馬鹿にされています。そのしょうもないコンプレックスまみれの数理的経済学に対するさらなるコンプレックスで、無駄に数学化された政治学をこれぞ本物の社会科学だと称して、いま、日本の大学でもどんどん増やしているのです。早稲田の政経学部など、その典型です。

進藤 やはりアメリカ・コンプレックスですね。かつては日本の研究者もヨーロッパに行きましたが、いまは経済学者など特に、みんなアメリカに留学する。するとアメリカしか知らないわけで、アメリカ的なものの見方でしか考えなくなる。ああいう弱肉強食の自由競争の世界が一番いいと、アメリカをモデルにしてしまうのです。

白井 アメリカで博士論文を書きました、学位を取りましたといって、日本に帰ってきますが、実際に何をやってきたのかよくわからない人も多いです。

進藤 昔、私の学生時代は、日本の博士号のほうが価値がありました。東大や京大の博士号はなかなか出さないから、価値があったのです。ですからアメリカの学位を取ったって、へでもないというプライドがあったのです。残念ながらそれがいま、逆転しましたね。

日本の教育現場を蝕む新自由主義

白井　安倍政権の5年間で加速しましたが、いま、日本の大学教育も本当に危ないところにきています。コンサルタントの冨山和彦が、文科省の会議でG型、L型ということを言い出して大騒ぎになりましたが、Gとはグローバル、Lとはローカルのことになります。

それによると、日本の大学は無駄に多く、個性もしっかりしていないため、それぞれの果たすべき役割を明確にして果たさなければならないとして、グローバルな人材を輩出するごく一部のトップエリート大学をグローバル大学とし、大学の世界ランキングで上位を争うべきなのだという。

そしてその他大勢の大学は、ローカル大学であり、そこでは現在、エリート養成としては中途半端で、職業訓練としても何か実になるようなことができているか疑問であるとし、たとえば、シェークスピアを教えるくらいなら英会話を教えるべきだとか、憲法よりも道路交通法を教えろとか、経営理論よりも弥生会計ソフトの使い方を教えろなどと主張しました。

つまり、教養的なことは一切必要ないから、グローバル人材の下働きの奴隷ぐらいはできるように仕上げて世の中に出すべきだという提案です。

進藤　これはまさに、教育のネオリベ化だと思います。筑波大でも、直近の一〇年間で三〇億円、国の交付金が減額されている。その出発点は二〇〇四年、国立大学の独立行政法人化、いわゆる独法化からです。独法化を基軸にして国立大学が、文科省の下請けになり、財源を文科省に握られます。しかも国立大学と同時に、私立大も大学補助金を通して文科省に支配されることになります。

要するに文科省による官僚主導型の教育システム、高等教育システムがつくられているのです。国立大学に関しては、大学が法人化され、大学予算が交付金として上から「交付」される仕組みになってから、毎年一％の予算削減が進められました。だから国立大学の理系では、研究室が毎年一つずつ潰れていくと嘆いている。研究者も首を切られていく。新たに採用される教員も、ネオリベの思想で、非正規雇用制度なのです。昔は、助教授になったら終生定年まで身分が保障されて研究に打ち込むことができましたが、いまは二年か三年ごと、長くても五年の短期雇用契約なのです。

白井　文系ももちろんそうですが、理系の研究はスパンが長いですから、三年、四年後に首がつながっている保障がないので、一年中求人情報を見て求職活動していないといけないという状況になります。これでは研究などまともにできるはずがありません。

進藤　理系の場合、論文の引用回数が測定されますが、先日の国際機関の発表によれば、一〇年前日本はアメリカに次いで世界二位でしたが、いまやアメリカに次いで二位が中国。日本は先進国のなかで最下位に落ちています。

白井　ここ一〇年ぐらいの論文生産本数のグラフを見ても、諸国のなかで唯一日本だけが下落しています。だからもう理科系の分野でもはっきりと研究の低迷が明らかになっています。ここ最近ノーベル賞を毎年のように日本人が受賞していて大したものだと思いますが、あれはみんな八〇年代の成果なのです。受賞者たちがみんな口を揃えて、これからは駄目だろうと言っている。また、これらの評価が証明しているのは、日本は八〇年代ぐらいまではかなりいい研究環境、ちゃんとした成果の出る研究環境があったということなのです。そこからそれを維持するのではなく、無駄にいじくり回して破壊をし、いまパフォーマンスがどんどん落ちてきているというのが現状です。

進藤　国から支給される研究費も、削られるところはどんどん削られ、逆にもらえるところ、競争力の強いところは大型資金が支給されて差が開いています。友人の九州の某国立大学の教授は、研究費が年間九万円と言っていました。これだけだと、東京まで二回出張したらなくなってしまう額です。私も、四十数年前に、同じ大学にいたのですが、そのときですら三〇万円くらいありましたから、物価水準を加味するなら、十分の一くらいになっています。

そのような削減がなされている一方、お金を取るのが上手な研究者のところには、多額の資金が支給されてもいます。某大学の教授のところには、一〇年間で四億円も支給されています。しかも、同じ研究テーマなのです。文系でこのくらいの額になると、使い切れなくなります。

私が知っている別の私立大の研究室などは、三年単位で総額四〇〇〇万円相当の助成金を給与されています。それで何をやるかといえば、年に三回ぐらいパリに行ったりハノイに行ったりして、それで出てくる研究成果はけっして程度の高くない研究報告集、一冊なのです。

白井　僕も大学院生のときに、誠に不愉快かつくだらない話を聞いたことがあります。どこかのセクションが大きなカネを取って、これを消化しなければならないということになって、そのカネで国際シンポジウムをやった。世界から先生を呼びましたが、その呼ばれた先生方が何者だか誰にもさっぱりわからない。学生もレセプションだけ出てきますが、カネを使わなければいけないので、レセプションの仕出し料理には最高級のものが並べられる。それでも使い切れないので、招待する先生方にはビジネスクラスに乗ってもらった。納税者が聞いたら本当に激怒するような話ですよ。

進藤 本当の話でしょう。ただしそうやって利益を得ているのは研究者側だけではありません。官僚たちも利益を得ているのです。たとえば筑波大は国立大と違って、四人副学長がいましたが、いまは九人になっています。そして財務担当副学長というのは、必ず文科省から一人来ることになっているのです。財務を総括している事務局長とは別に、です。「やることがなく、暇なときはいつも趣味の魚釣りをしているよ」と、本人が私によく言っていました。副学長職以外にも、理事職というものもあって、これは一二人います。そして理事会、評議委員会など、研究と無関係の会議、書類ばかり多くて、一番働き盛りで勉強しなければいけない五〇代から六〇代にかけて、研究者が満足に研究する時間もない深刻な事態が起こってきている。日本の「大学の終焉」になりかねない。

白井 加計学園問題に関して、文科省の前川さんが、それこそいかがわしい都市の底辺に自ら足を運んで視察をして偉いと言われていますが、ちょっとそれはおかしいだろうと僕は思うのです。

現場を見るべきだというのは正論で、それをやったのは偉いかもしれませんが、そこまでやる前に、他にすべきことがあるんじゃないでしょうか。部下をなんで大学に寄越さないのかと僕は思うのです。大学に二〇年ぐらいいますが、これまで文科省の人間が視察に来たのなんて一度も見たことないです。天下りの人間は見たことがありますが（笑）。ですから本当の現場を知りたいと言うのだったら、それこそ授業でも受けにくればいいのです。でもそのようなことは、一度もないのです。

欧米への劣等感と、アジアに対する優越感と

進藤　先日驚いたのは、私は早朝、いつもラジオを聞いているのですが、突然、放送が中断されて北朝鮮のミサイルに対する警告放送が始まりました。菅官房長官が「ただいま北朝鮮からミサイルが発射されましたので、急遽どこそこに退避してください」ということをしゃべり続けるのです。いわゆる「Jアラート」システムですね。政府が避難方法のCMをつくって、放送することをやっている。まったく馬鹿馬鹿しく思えて仕方ありません。

弾道ミサイルが発射されたとして、アラートシステムで解析が終わって警報が鳴るまでに六分かかります。それから着弾するまで、二分はかかる。いったいあとの二分で、どこに逃げ込むのですか。しかも秒速六キロですよ。対処のしようがまったくない。

発想もやり方も戦時中の竹槍訓練と同じです。このようなミサイル危機で民意を掻き立てることによって、ヘイトスピーチや、北朝鮮危機がさらに煽られていくのです。かつて

は鬼畜米英でしたが、いま「鬼畜朝中」というふうに社会を煽っている。まったく意味のない、訓練や警報です。そして「国難来る」を高唱し、突然国会を解散し、二〇一七年衆議院総選挙で大勝する。

白井　「退避してください」と言われても、ミサイルシェルターなどないのですから、どこに逃げればいいのかという話です。僕も先日、テレビニュースで地方の訓練映像を見ましたが、サイレンが鳴ると、農道の脇におじいさん、おばあさんがうずくまって頭を隠してじっとしているのです。本当に、哀れな姿ですよ。日本人はいつからこんなに愚民になったのでしょうか。まことに情けなく思いました。

進藤　本当に戦前の竹槍訓練と同じです。しかもいま、教育勅語が見直されたり、銃剣道が中学校体育の武道に加えられたりしています。私の勤める筑波大学の通学路には「陸海空自衛官大募集」という大きな広告が張り出されました。ＪＲの電車には、自衛官幹部候補生募集の、派手な英文の求人広告が出ている。こんなことは、いままでありませんでした。北朝鮮、中国が攻めてくると煽られていますし、求人難もありますから、給料もいいし正規雇用で、英語でかっこいい、海外にも行けそうだということで、学生たちも応募する人が多いと思います。

中国が巨大になって、日本はアジアの盟主からずり落ちてきている。しかも日本では七人に一人の子どもたちが貧困で、預貯金もない家庭が増えている。子どもの貧困率では、OECD加盟国の平均を上回っており、二人以上の世帯で金融資産がゼロという世帯が三一・二%と過去最高となっている。それと対照的に、自殺や凶悪犯罪が増え続けている。要するに生活が不安定で犯罪が増え、そういった状況下で人間の持っているフラストレーションが敵を求めていくというかたちとなって表れてきているのです。

白井 ですから欧米に対する劣等感と、他のアジア諸国民に対する優越感に基づくレイシズム、結局これが戦前から引き続いてずっと戦後の日本人を支えてきたのです。その根拠が、自分たちはアジアで唯一の近代国家なのだ、近代社会なのだというものです。それによって、アジアの隣人を遅れているね、と馬鹿にしてきたわけですが、自分たちの優位性が明らかになくなってきたので、発狂しているのです。

進藤 結局、このような状況も、日米同盟を至上の価値とし、もっともその米国流の生き方、「カネだけ自分だけ今だけ」のネオリベ的な生き方を至上の価値として国策の主軸に据えている、いわゆる日米同盟史観の帰結だと思います。

日米同盟という言葉が初めて使われたのは、一九八七年です。鈴木善幸氏がワシントンでレーガンと会ったときに初めて夕食会で使いましたが、そのときは大いに批判されたのです。それが、冷戦が終わる二年前のことです。

ところが冷戦が終わってから、この日米同盟史観が担ぎ出されるのです。朝日新聞が第一線記者を総動員して、『日米同盟』という分厚い本を出します。一九九四年です。小選挙区制の導入と前後します。なかなかの力作です。しかしこのころから、日米同盟という言葉が普遍性を持ち、日米同盟主軸という言説と価値観が広がっていくのです。本来なら、冷戦が終わったのだから、同盟も解体するか縮小すべきだという議論が出ておかしくないのに、議論が逆行し始めるのです。

白井　なぜかますます強固にしなければいけない、となったんですね。

進藤　逆になりました。だからそういう意味では、やはりアメリカニズムに毒された日本の官僚・知識人といったエリートたちの害悪というのは、大きいのではないでしょうか。

その帰結として、今日に至っているのです。いかにしてそれを反転させればいいのかと考えますが、その点では、私たち知識人が政策をきちっと見せることが必要なのです。日米基軸論に代わる、アジア地域統合のような外交像を人々に見せていくことが必要だと思います。

私はトランプの出現もある意味、歓迎しているのです。トランプ出現による混乱のなかでアメリカは〝解体〟をさらに進めていく。アングロ・アメリカ流の民主主義の神話が明らかになる。同時にアメリカが世界の覇権国家から離脱し、普通の国家へと変貌していく。ますます世界のリーダーとしての資格と能力を失っていく。しかも一世代後の三〇年後には、アメリカの白人人口は五〇%を切る。もはやかつてのアメリカではない。ポンドが下落し、米ドルが基軸通貨の座からずり落ちていく。だからこそ早く日本がアメリカ離れし、そして脱永続敗戦の道筋をつくり上げなければいけないのです。

第3章

戦後日本の「日米基軸」論を超えて

進藤榮一
白井 聡

「アメリカの解体」がトランプ大統領を生んだ

進藤　私がトランプ政権の誕生を予想し始めたのは、実は選挙戦が始まって間もなく、二〇一五年一一月にアメリカに一〇日間ほど滞在したあたりからです。すでに選挙戦が戦われていましたが、そのときにもしかしたらという予感はしました。当時サンダースとトランプという二人のポピュリストが登場し、彼らはこれまでのアメリカ政界から見たら、まったく異質な政治家でした。しかも民主党のトップを走り続けるヒラリー・クリントンに対する、ビジネスマンも含めた普通の市民たちの反感がものすごく高まっていました。

このヒラリーへの反感は、このときに始まったものではなく、以前からすでに根強いものがありました。何しろ彼女はエリート中のエリートで、そのエリート臭が嫌だという反発です。大統領夫人をやり、ニューヨーク州知事をやり、国務長官もやって、いまさらなぜ大統領になりたいんだ。クリントン帝国でもつくろうとしているのか。フェミニズムの味方のようなことを言っているが、一皮剥けば権力政治家そのものではないかという反発です。

そのときに私が感じたのは、いまアメリカでは、二つのキャピタル、二つのCに対する反逆が起こっているということです。すでにふれたように、一つは、首都ワシントンのCです。

これまでは西部や南部の候補者たちの多くは泡沫候補のような政治家が多く、有力政治家になる感じはあまりなかった。しかしいまや、アパラチア山脈以西の州から出てきた候補者たち、彼らは歯医者や内科医といった人たちですが、そういう人たちが、人民の意思を体現する有力政治家として出現し始めている。彼らが主張しているのは、首都ワシントンに象徴される政治のエスタブリッシュメントが民衆から離れてしまっている。だからわれわれは立ち上がったのだということです。

この流れは、二〇一三年の選挙のときからティーパーティのような勢力に見られました。二〇〇〇年代の中ごろぐらいから、ワシントンに対する反逆が始まってきているのだと思います。

そしてもう一つのC、キャピタルは、資本のCです。アメリカ経済の仕組みがカジノキャピタリズムになっていて、民衆のためのキャピタリズムではなくなっているという反発です。これを象徴するのが、ウォール街です。そしてそのウォール街とホワイトハウスや議会とのつなぎ役をやっていたのが、ヒラリー・クリントンなのです。ですからヒラリーへの反発は強かったのです。

共和党の候補者たちのなかで最も泡沫であったトランプに対する人気がなぜ強いものになったのかといえば、それはこの二つのエスタブリッシュメントに対する反逆を最も体現している候補者がトランプだったからです。私はこの二つのCに対する反逆が、大統領選挙の決め手になると感じました。

白井　日本のメディアもアメリカのメディアもトランプが勝つなどあり得ないというような報道をしていました。私はそんなことはないと考えていました。最終的な本選に関しては、どちらかと言えばクリントンが勝つのではないかと思いましたが、メディアが言っているように、クリントンが圧勝するという見方は非現実的だろうと思いました。ですからトランプが実際に勝っても、全然驚きはなかったですね。投票日の直前に、TBSの『報道特集』で、金平茂明氏がワシントンを訪れて共和党の有力議員にインタビューしているのを見ました。金平さんが「どうしてあんな人が大統領候補になったのですか」と聞くと、上品な雰囲気の高齢の女性議員でしたが、大笑いしながら「それは私が聞きたいのよ」と答えたんですね。これを見て、この人たちは終わったな、と思いました。なぜ、トランプのごとき人物がせり上がってきたのか、そこまで人々が追い詰められている現実があるということを、見ようともしていないのですから、もはや統治者である資格がないのです。

進藤　要するに構造が政治を決めたということでしょう。二つのキャピタルに対する反逆があったということは、すでにアメリカの政治・経済、いや、アメリカという国のかたち、つまり構造が、変わってしまったのだと私は思いました。

アメリカでは三つの巨大な変化が進行しています。第一に、すでに第一章で触れたように、白人優位の社会ではなくなった。人種的にも文化的にも「アメリカの解体」が進行している。第二に、カネつくりが隆盛し、ものづくりが衰退した。アップルやグーグルといった情報産業、あるいはカーギルとかモンサントなどという食料産業、ボーイングなどの軍需航空産業は繁栄していますが、具体的なものづくりの能力はもう失われてしまった。それが、第三の変化、アメリカが巨大な軍産複合体国家になった現実と重なり合っています。

半世紀にわたる冷戦とベトナム戦争など途上国への軍事介入、そして冷戦後のイラク、アフガン、リビア、シリアなどでの反テロ戦争の過程で、軍部と軍需産業が肥大化しました。そして民間軍事会社が、ＣＩＡやＮＳＡ（国家安全保障機関）などの諜報機関とともに興隆し、軍の民需化を軸に、アメリカという国が、いわば新型軍産官複合体国家へと変貌しているのです。この変貌を繰り返し想起すべきです。それが、民衆のワシントンへの反乱を引き出しているのです。

白井　ワシントンに対する反乱という話がありましたが、それが本選の結果にものすごく鮮やかに表れていて、両候補の得票数のパーセンテージがワシントンだけとてつもない極端な数字になっているのです。確かワシントンだけ九五％ほどクリントンが取っている。

ですからこれは、外から見るよりも遥かに深刻な分裂状態、内乱状態というものがアメリカで発生しているということで、やはりこれから大きな変動へと導いていくのだろうと感じられます。

リーダーの座から滑り落ちつつあるアメリカと日本の共通点

進藤 先ほど白井さんの、キーワードが〝Make America great again.〟であるというお話をお伺いして、安倍政権も同じことをやっているのだと思いました。つまり米日双方の指導者の間には共通性があるのですね。

アメリカは軍事的にも、経済的にも世界のリーダーから滑り落ち続けています。実質GDPでは、中国にすでに抜かれてしまった。他方でアジアのトップリーダーの座から日本は滑り落ちています。お互いに自らが一〇〇年にわたって続けてきたリーダーの座から、滑り落ちつつあるのです。この共通する状況下で、復古主義的なかつての栄光へのノスタルジアを掻き立てることによって、それを政権の基盤強化に利用するような傾向がアメリカにも日本にもある。アメリカでトランプを当選させたのは、〝Make America great again.〟のキャッチフレーズが体現する心情、アメリカ人が共通に持っている失われたアメリカへの郷愁です。

一方、安倍さんが力強い支持率を得ていたのも、失われた日本への郷愁です。これが日本では、ヘイトスピーチになって現れるし、アメリカではイスラムフォビアやメキシコ嫌いというかたちで現れてもいます。

〝The problem is the economy, stupid.〟は、一九九二年にヒラリーの夫のビル・クリントンがブッシュ・ファーザーを破って大統領に当選したときのキーワードですが、トランプさんも同じように彼が二〇一五年に刊行した選挙向けの自伝のなかで〝The problem is still economy, stupid.〟という言葉を使っています。「依然として経済がキーワードなのだ」ということですが、つまりアメリカは経済が衰退しているのであって、それを強くすることこそ、今度の大統領選挙の真の争点なのだという意味です。

ところがビル・クリントンとトランプには決定的な違いがあるのです。トランプさんはその一文の後に続くのが、America First です。しかし、九〇年代ビル・クリントンの場合は、Peoples First なのです。日本の民主党政権が例の生活者第一主義というキャッチフレーズを高野孟さんたちとつくり出したときに、私は、「ああ、これはクリントンさんの真似をしたな」と思いました。

一九九四年に出した『アメリカ――黄昏の帝国』という本のなかで私は、Peoples Firstをキーワードとして、アメリカはもう一度強い市民主義の動きが出てきており、アメリカ・ルネサンスの時が到来したと指摘しました。たとえば環境のアル・ゴア。またヘルスケアに対して当時ヒラリー・クリントンが事実上の責任者でした。一九四〇年代、大恐慌のときに登場したフランクリン・ルーズベルトの再来として、民主党政権で改革派の登場だと受け止められました。歴史家のアーサー・シュレジンジャー・ジュニアなども期待していましたし、私も期待も込めてその本では分析しましたが、ただ最後には、「にもかかわらず、アメリカは黄昏の時を刻み始めている」と書きました。

しかしレーガンの時代と、トランプの時代のアメリカでは、まったく違うアメリカになってしまっています。まず、冒頭で触れた、白人が九〇%を占めていたアメリカと、白人が半分しかいなくなったアメリカという違いです。それからレーガンのときはまだモノづくりが残っていました。まだ富の六割は、モノづくりによって稼ぎ出していました。ところが九〇年代に入って、正確に言うと九四年前後を境に、金融資本主義と製造資本主義との逆転現象が起きるのです。

新しい金融手法を九〇年代に入って、いわゆる情報革命下でアメリカのエコノミスト、経済金融業業界、ウォール街が開発していくわけです。その発端がデリバティブ商法の開発です。つまり、ごく一握りの小さな石、証拠金で、それこそテコの原理で、一〇〇倍の重い石、つまり巨富を稼ぎ出す仕組みを、情報革命、インターネットの操作によってつくり出しました。一方であらゆる負債、ローンを切り刻んで組み合わせて、それを証券に換えて、その証券の売り買いによって富を稼ぎ出していくという手法もつくり出しました。

ギル・トロイという歴史家は『The Morning Is Coming（アメリカに朝がやってきた）』という本のなかで、レーガンが登場したときには、いまのトランプのときと同じように、民主党や中道左派から、非難と批判を浴びながら登場した。クー・クラックス・クランがやってくるとか、ファシズム政権がやってくると。しかし一年経ってみると、レーガンは偉大なアメリカの基礎を少なくともつくり上げることができたと、指摘しています。

だからトランプの登場に関しても、そう早急にファシズム政権だとかクー・クラックス・クランが登場してくるなどと言ってはいけないと、トロイは新聞に寄稿しています。

私はそれを読みながら、どちらが正しいのかと考えました。そのときにカギとなるのが、先ほど白井さんも言われたアメリカ資本主義の変容です。これがアメリカのモノづくりをダメにし、経済によるアメリカの復興を、つまり経済力をテコにしてアメリカの偉大さを取り戻すことを不可能にしてしまったという現実に突き当たります。トランプノミクスは、レーガノミクスよりももっと深刻なかたちで経済再生の基盤を喪失させているのです。

それでは、軍事的にはどうなのか。レーガンの場合は、対ソ脅威論を煽り、強いアメリカをつくり、アメリカを西側民主主義陣営のリーダーにし、ソ連帝国を崩壊させ、グレート・アメリカの再興につなげたことは確かです。

同じようにいまトランプや、多くのアメリカ人が「グレート・アメリカの再興」を期待しているわけです。しかし、先ほどから白井さんが示唆しているように、軍事的覇権をアメリカが取り戻すことができる国際的な基盤はもはやありません。

アフガンから中東、北アフリカに至るまで、アメリカは混乱と混沌だけを引き起こし、激しい軍拡競争を招いている。抑止力の名の下に日本に軍事負担を強化させ、ＮＡＴＯの軍事費をＧＤＰ比で一・六％から二％まで引き上げるように要請している。軍事的経済的復権のなかにアメリカを位置づけながら、同時にアメリカの軍事負担もまた少なくしながら、軍需産業へのテコ入れによって経済を復権させていく、というシナリオを描いています。しかしこれは、アメリカの軍事力によるヘゲモニーの維持がもはやあり得なくなってきていることを意味している、と私は見ています。

だからそういう意味では、〝Make America great again.〟というキャッチフレーズを掲げながらも、結局、アメリカ帝国の終焉の時を刻み続けざるを得なくなっていく。アメリカが解体し分断され、経済的な基盤を失い、情報革命によって経済の仕組みが変わってきたいま、世界経済の中心軸が欧米世界から、中国やインド、ASEAN、それに日韓台などを中心とした広域アジアへと移行しつつあるのです。

一六世紀以来のヨーロッパ中心から、アジア中心へと、新しい時代の流れがひたひたと押し寄せてきているのです。この現実がいまの中国の台頭です。好むと好まざるとにかかわらず日本は、アジアのトップリーダーの座からずり落ちてしまった。だからこそ逆に、かつてのアジアのトップリーダー日本への郷愁のなかで、復古主義的で排外主義的な日本回帰への動きが盛んになってきているのです。

アメリカ一極体制から新ヤルタ体制への移行

白井　いまのお話では、実は日米同盟というのは、ひょっとすると負け組同盟になりかねないということだと思います。結局、レーガン政権の当時、まだ製造業中心の世界であったにもかかわらず、それでもやはり当時においてすら、アメリカの製造業を復活させることができなかった。

そしてクリントン政権からトランプ政権に至るまで、アメリカが製造業の再生のために何もしなかったかというと、そうではありませんでした。たとえばクリントン政権時代、労働長官にロバート・ライシュという労働経済学者が就きますが、彼は『The Work of Nations』という、古典的とも言える著作を書いている良心的な学者です。この本で彼は、産業構造が転換するなかで、つまり、労働集約型産業が労賃の高い先進国では利潤を出せなくなり必然的に空洞化するという状況下で、どうやって健全な中間階層をしっかり維持していくか、そのために国はどういう政策を打たなければいけないのかということを非常に真摯に考えて、提言をしています。そしてそのような声が無力であったわけではなく、実際に彼は大臣になっているわけです。ライシュの提言は、比喩的に言えば、「体から頭へ」ということですね。労働集約型から知性集約型へとシフトしよう、頭でイノベーションをつくり出すことで利潤を上げようと。そのためには教育の充実等が必要だというような話になるのですが、結局そのような試みは、うまくいかなかった。これはアメリカに限ったことではありませんけれど。

だから結局、金融資本主義の高度化に走って、借金依存経済となった。ありとあらゆる手段を開発して、貸した金が返ってこなくなるリスクを見えなくするシステムを高度化させていった。その果てが、リスクが一挙に顕在化したリーマン・ショックであったと。

だから、もう本当にカードがないという状況になってきています。お得意の軍事に関しても、イラク戦争以降のアメリカの介入が、成果ゼロというかマイナスでしかないという状況であり、軍事的な覇権をもう一度がっちり回復するという道筋もあり得ないと言えるでしょう。

こうしたなかで、トランプ政権の動きというのはなかなか興味深いものです。とりあえず北朝鮮に対してはきわめて強硬なポーズを見せ、ミサイル危機だというふうに、かなり日本政府も煽りましたが、緊迫した局面も訪れました。

しかし、いまにして振り返ってみれば、アメリカは最初から先制攻撃などということをやる気はどうやらなかったようだということも見えてきています。自分でどうこうするというよりも、中国を使い、「北朝鮮はおまえの子分だろう。ちゃんと監督しろ」とこれまでも散々言ってきましたが、もっと強烈な仕方でそれを迫るということがどうやら意図だったらしいというふうにも言われています。

その間非常に興味深かったのは、やはりトランプのガバナンスのあり方は、ある意味とても型破りだと思いました。緊迫した状況にあっても、ツイッターでいろいろつぶやくわけです。中国が北朝鮮を一応説得している間に、トランプが何を言っていたかというと、「いま中国が北朝鮮問題で頑張っているときに、為替操作国認定なんてできるはずないだろ」っていうことをツイッターで発信している。なんというか、ここまで明け透けに言う政治家、しかもそれが大統領だというのは、これまで類のないスタイルです。

一方、あれだけ拳を振り上げておきながらトランプは、訪朝したり北朝鮮と直接交渉したりする意向をほのめかす発言もしていた。これには日本政府も驚いたと思いますが、私はこれもあり得ることだろうと思ってはいました。つまり、これまでのオバマ政権の対北朝鮮政策が、とにかくうまくいっていなかったということは事実であって、これを否定するには二通りのやり方がある。軍事力でもって本当に戦争をやってしまうという方向と、もう一方はずっとこれまで拒んできた対話をアメリカがやるという方向です。その硬軟両極端のカードを両方見せるということを、トランプは今回やってきているのでしょう。

であるなら、この動きはいったい何を意味するのでしょうか。一方であれだけ中国に、北朝鮮に自制するよう促せと言ったということは、ある意味、「アジアのこの地域はおまえの縄張りなのだから、おまえがちゃんとやるべきだ」ということで、アメリカの覇権的な立場を放棄するということを率先してやったというふうにも見えます。

また別の見方をすれば、こういうかたちでアメリカが関与することで、この問題の解決へ実際に向かうということになれば、やはりアメリカというのはなかなか大事な国なのだということになりますよね。

進藤　いまのご指摘はおもしろいですね。トランプ政権が登場したときに、トランプ登場後の世界がどんな世界になるかということをいろいろな論者たちが議論していますが、ニーアン・ファーガスンというハーバード大学教授が興味深い予測をしています。彼は、非常に長いスパンで国際政治の動向を読み解くのが得意な学者ですが、新ヤルタ体制という言葉を使っています。

もうアメリカ一極体制じゃない。新ヤルタ体制へと向かい始めるだろうと言うのです。ヤルタ体制とは、第二次大戦末期にアメリカのローズヴェルト、イギリスのチャーチル、ソ連のスターリンがクリミア半島のヤルタで戦後処理について話し合い、そこで取り決められた大戦後の国際体制のことです。その二年前の一九四三年に合意された米、英、中の首脳間で出されたカイロ宣言を基礎にしながら、南北アメリカ・太平洋は米国が、西ヨーロッパは英国を中心とする西欧諸国が、東欧ロシアはソ連が、東アジアは中国が地域秩序の担い手になるという、いわば国際秩序共同ガバナンス体制への合意です。

現在、登場し始めた世界、アメリカ帝国終焉後の世界は、これと似たような新国際秩序へと移行していく過程にあるのではないかという見方です。その最初のシグナルが、二〇一七年一一月北京での習近平・トランプ会談で発せられている。そのことを、いまアメリカが展開しようとしている中国政策のなかに読み取ることができる。それが新ヤルタ体制だという見方ですが、私も基本的にはそう思います。

トランプ外交のキーワードは「ディール」

進藤　北朝鮮問題に関して結局カギを握っているのは誰かというと、中国とロシアなのです。トランプがいくら中国に対して北朝鮮に経済制裁をけしかけても、中国延辺地方には二〇〇万人近い朝鮮系中国人が生活しています。そしてロシアが万景峰号をウラジオストックまで運行したりすると、ロシアから北朝鮮に物資が入ってきます。そして西側の経済制裁下に置かれたロシアや北朝鮮やイランが、制裁の網の目をくぐって相互に支援し合う。

そもそも経済制裁で国家の行動を変えるのに成功した事例は、第二次大戦後、ほとんどない。ゼロと言ってよい。ロバート・ペイプは、一九九八年の研究で、応分の成功事例を含めても成功率は一三・八％だという数字を出しています。

実際アメリカが、キューバ革命後、半世紀以上にわたって制裁し続けてもキューバは持ちこたえています。ラテンアメリカの国々がキューバに陰で物資や人材を送り込んでいるのです。その現実を私は、一九九一年にメキシコ大学院大学で教えたときに実感しました。

イランも同じです。一九七九年イラン革命後、四〇年近く経済制裁をして何も動かない。変わらないですよ。経済制裁というのは抜け穴がたくさんあるのです。とりわけ一九六〇年代以降、諸国家間の相互依存が深化し、国境の壁が低くなっている。まして今日のようにグローバル化の進展する世界では、制裁によって他国の行動を変えさせるということ自体、あり得ないことなのです。

それなのに、日本外交は依然としてアメリカにつき従って、経済制裁に加担しています。あえて言えば、ヨーロッパも同じことをやっているのです。経済制裁でロシアをG8から追い出しましたが、依然としてロシアは健在で、かえって元気になっているとも言えます。

トランプ政権の外交のやり方を別の面から整理していくと見えてくるのが、「取引」という側面です。つまりアメリカ一極で帝国の政策を進めていくというより、むしろ取引で、武器をちらつかせながら相手の行動を変えたり、あるいは為替操作国と認定するぞと脅しをかけながら、他方ではボーイング一五〇機をさらに買い増してもらう取引を進めたりする「取引外交」を行っています。

白井 トランプが言う「ディール」ですね。

進藤 日本はディールなんていうコンセプトを外交のなかで持たないから異質に見ていま

すが、これは外交の極意でもあります。「外交とは国家のために嘘をつく行動である」というビアスの言葉もある。あるいは「永遠の友も永遠の敵もいない。あるのは永遠の国益だけだ」という、大英帝国の外務大臣パーマーストン卿の言葉もある。

つまり外交とは国益を最大化するために、相手方に何事かを要請し、それを手にすることだと言えます。相手方が断るかもしれない。そのときにバーゲニングの取引材料がなければ、要求は絶対通じないわけです。私は、外交交渉の際に必要不可欠なのは、バーゲニング・チップを乗せることだと言っています。そのチップはいつでも減らしたり捨てることもできる。アメリカは中国に対して為替操作国というバーゲニング・チップを乗せているのです。しかし彼らが本当に欲しいものは何かというと、それは巨大小麦市場としての中国市場です。それからボーイングをはじめとする巨大な航空機産業や、先端的薬品や知財等の巨大消費市場としての中国、これをアメリカは欲しいわけです。

そしてそのために二〇〇六年以来、米中間で毎年「米中経済対話」を開催し、「米中戦略経済対話」も行っています。

その意味では米中和解、米中間のアンタンテ（協商関係）はすでに出来上がっているのです。それなのに日本は、いまだに中国脅威論のトラウマのなかで生きている。官民双方で、中国脅威論を煽っているのですから情けない。例のアジアインフラ投資銀行（AIIB）も、二〇一六年八月にはカナダがジャスティン・トルドー政権下で参加を決めました。G20杭州会議のときです。それを契機に、カナダ・中国の経済文化関係は急速に緊密度を深めています。このカナダのAIIB参加によって、いよいよ先進国でAIIB不参加国は、アメリカと日本だけになってしまいました。

白井　そのうえ、いつアメリカが入ってもおかしくないような感じになってきましたね。

進藤　もうその動きは見えています。すでに交渉し始めているでしょう。あとは時期ですね。何しろトランプ政権の最大の目玉の一つはインフラ投資です。アメリカは、国内のインフラだけでなく、アジアのインフラ投資に目を向け始めています。それがアメリカの建設業の雇用を増やしていく。しかも、一帯一路構想に参入することで、米中間のインフラ投資共同事業の道も開けます。

だからアメリカのAIIB参入も時間の問題だと見ています。「最後に残ったのは日本だけだった」ということになりかねません。

白井　安倍外交の全方位的な破算は明らかです。

「中国脅威論」というウソ

進藤　いまだに日本で中国脅威論が叫ばれているのは、日本の研究者の世界が、島国の文化であるからでしょう。日本のアカデミアはタテ社会で、東大や京大が中心で、それぞれみな自分のところで研究者を育てます。異端的な意見は排除され、自分たちだけで小さく固まって、自分たちだけの権益を守るという傾向があります。

大手メディアも、似たような権威主義的な体質を持っています。特に、安倍一強体制下でその傾向が強まっています。お上に逆らうような意見は、自ら封印してしまう。

特に社会科学の分野、なかでも経済学分野や外交国際関係分野では、そうした傾向が強い。だから中国脅威論や中国経済減速論、あるいは中国崩壊論が、学会やメディアの主流を形成していて、他の見解は紙面や評論で扱われない事態になっているのです。

しかしそのような中国に対する見方は、冷静に情報を分析すれば的外れであることが見えてきます。

たとえば中国脅威論について。中国軍事力の基軸である核戦力に関して、中国の核弾頭数はアメリカの一〇分の一以下です。アメリカが三七〇〇発ほどですが、中国は二五〇発前後しか持っていません。しかも中国は、対兵力攻撃能力は持ってないのです。核抑止力というのは、二つの抑止力がなければいけないとされています。一つは都市を壊滅させる反撃能力。もう一つは兵力そのもの、基地自体を壊滅させる能力。中国は後者の、兵力を壊滅させる能力を持っていないのです。

その対都市攻撃能力は、それほどの精度を必要としません。中国はその対都市攻撃能力の保持と強化に限定している。しかしそれも、中国が先制第一撃攻撃を受けたあとの場合に限られていて、先制第一撃能力は持っていません。つまり最初にアメリカのミサイル防御壁をくぐり抜けて、アメリカの核兵力を攻撃壊滅させるだけの攻撃的な核破壊能力は持っていないのです。

中国が堅持し続けている核戦略の第一は、防御的ないわゆる第二撃反撃能力なのです。しかし、日本の新聞、学者たちはこの程度の基礎的なことも議論しないのです。

要するにアメリカが北京や、あるいは四川の核基地を攻撃してきた場合、その第一撃に対して、中国は第二撃としてカリフォルニアやサンフランシスコ、ニューヨークを叩き潰すこと、攻撃できる能力だけを持つことに限定しているということです。これが、中国は確証破壊戦力だけ持てばいいという、中国核軍事戦略の中心をなす考えなのです。

それでは通常戦力に関してはどうでしょうか。私が大連に行っている時期に、ちょうど中国の二隻目の空母が進水するという儀式が行われました。二隻目の空母を遂に中国が自分の力で造り上げたということで、日本の新聞でも取り上げられました。この二隻目の空母がいかに中国の海洋戦略の軸になるかということを、延々とデータを入れながら、国際面一面を使って書いているのを見て、「またか」と私は思いました。

最初の空母・遼寧号を中国は四年前に南シナ海に派遣しましたが、今回の空母はまだ進水式をやっただけで、実戦段階で運行できるのは二〇二〇年、東京オリンピックの年です。まだ二年先です。それに二隻の空母ともディーゼル駆動なのです。つまりディーゼルエンジンで動く空母で、運行能力が非常に低いのです。追尾能力もないし、追尾されたらすぐにバレてしまう。

ところがアメリカは一一隻空母をすでに三年前に保有しています。一隻の空母には四〇〇〇人以上が乗船しています。いまそれに、さらに三隻を製造し始めることにしたが、これらはすべて原子力空母です。

空母は、イタリアやブラジル、タイなども持っている。なぜ中国が持っているとなると、ここまでメディアが大騒ぎするのか、おかしなことです。

確かに中国の軍事費はいま、アメリカに次いで世界で二番目になりました。アメリカが世界の軍事費全体の半分、中国は四分の一にあたります。

中国の軍事費に関して言えば、人民解放軍の兵士は数の上ではとても多く、二三〇万人います。しかも習近平政権が昨年三〇万人の削減をしたために、退職金も払わなければいけません。給与も払わなければいけません。しかも中国がこの三〇年で物価がほぼ八〇倍近くまで急上昇していますから、当然、人件費もあって軍事費が多くなってきているのです。しかもGDP比の軍事費の推移をみると、中国は下げ続けています。かつてGDP比六・五％を使っていましたが、いまは二％を切り一・三五％になっています。トランプがヨーロッパ諸国にGDP比二％まで出せと言ったりしていますが、現状は一・七％です。つまり国の経済の総量に対する軍事費の比率というのは、中国は圧倒的に少ないのです。それを脅威などと言うのは、あり得ない話です。

加えて、脅威というのは「能力×意図」と言いますが、意図は正確にわからないので能力で算定するわけです。つまりどのぐらい軍事費を使っているか、どのぐらい兵器があるかで、能力を判断すると、先述したとおり、ディーゼル駆動の空母ですから、能力的にはまったく低いことがわかるでしょう。

また私は、脅威はそれに戦略環境によって割り算をしなければならない、と理論化しています。アメリカは世界八〇〇ヵ所以上に基地を持っています。ジプチの中国軍基地も、アメリカ的基準で言えば基地とは言えない代物です。もちろん沖縄には世界最大の巨大な軍事基地を持っています。しかし中国は、海外のどこにも軍事基地は持っていません。そして、どこの国とも軍事同盟は結んでいません。これでは戦争なんてできませんよ。

もう一つ言えるのは、中国の人民解放軍の予算がなぜあんなに高いのかと言えば、人民解放軍が病院やホテルを持っているということもあります。私も人民解放軍のホテルに泊まったことがありますが、とても立派なものです。ホテルや病院、学校などもあるのです。

白井 中国の軍事は、そうした軍隊の経済活動やそれに伴う腐敗などの問題とも絡まってまことに複雑だと思いますが、とにかく日本の言論状況で目につくのは、中国脅威論を対米従属の正当化に使う議論。

そうした議論は、中国や北朝鮮を仮想敵国に見立てたうえで、わがほうの戦力が仮想敵国のそれをつねに圧倒できる状態でなければイヤだ、しかも自分たちが自力でその優位を築くのはイヤだという前提を置いています。そんな虫のいい話を成り立たせるためには、アメリカの軍事力のプレゼンスに頼るほかないわけで、こうして際限のない対米従属が正当化される。だから、虫のいい前提を疑う必要があるのです。

アメリカ・中国の衝突は本当に起こるのか

白井　「世界の警察官」はやめると言っていたトランプ大統領が出現したことで、日本がアメリカから自立するチャンスがやってくると期待する人もいましたが、確かに一時的にはそういう可能性はあったかもしれませんが、結局トランプになっても、アメリカの日本に対する遇し方というのは、根本的に大きな変化をしていません。しかし、それは当然のことでしょう。日本の側が変わらないのですから、アメリカ側からすれば、従前どおり適当にあしらっておけばよいだけのことです。

進藤先生が先ほど強調されたように、結局、何かモノを作って、売って、それでなんとかアメリカを復活させたいというのが、トランプ政権の根本的な考え方のように思えます。それで何を売るのかといったら、武器ぐらいしかないというのがアメリカの国情であって、世界中にとにかく武器を売りまくろうと、いま躍起になっている。これは非常に危険なことでしょう。

それからやや長期スパンで世界を見ると、いわゆる覇権国の交代がいま起きつつあります。これは、近代そのものの終焉かもしれないというような大変動です。最も近い過去の覇権の交代がヨーロッパ（イギリス）からアメリカへの覇権の移動ですが、それに匹敵する、あるいはもっと大きな変化が起ころうとしている。歴史上、このレベルの変化は、大きな戦争を伴う場合が多い。となると、現在では米中正面衝突などということは短期的にはあり得ないように見えますが、中長期的に見たら、それはわからない。あり得る話かもしれない。

だとすると、そのときに、日本はどうなるかというと、日本という国は米中の間という最悪な場所にあるわけです。よほど賢く立ち回らない限り、大変な被害を受ける可能性が高い難しい位置にあるのです。そのような状況下にあるにもかかわらず、日本の指導者がこんなに馬鹿でどうするのかという話です。

進藤　覇権交替の話が出ましたが、アメリカではグレアム・アリソン・ハーバード大学教授の『トゥキディデスの罠』がベストセラーになっています。

アリソンによれば、新たな大国が勃興したときに、現存覇権国は、覇権の喪失を恐れ、多くの場合、戦争に突入せざるを得なくなるというのです。覇権交代戦争です。そしてその歴史的先例をアリソンらは、紀元前四世紀の台頭するアテネと、それに恐怖したスパルタとの覇権戦争、三〇年にわたる壮絶なペロポネソス戦争に求め、その戦史を著わしたアテネの歴史家トゥキディデスに因んで「トゥキディデスの罠」と呼びます。アリソンによれば、一七世紀中葉のウエストファリア体制成立以後、勃興する大国が興隆したときに、現存覇権国と軍事危機に陥った事例は一六例あって、うち実際に戦争に転化した事例は一二例ある。すなわち、米中戦争が勃発する可能性は、一六分の一二の高い蓋然性を持っていると説き、米中戦争への備えを、米国外交政策関係者や世論に具申するのです。

同じように、トランプ政権中枢に復帰した元戦略官のピーター・ナヴァロは『米中もし戦わば』（邦訳、文藝春秋、二〇一六年）を著わし、日本でもベストセラーになりました。しかも、新旧覇権国の交代と興亡が世界戦争を勃発させ、新しい世界秩序への露払いとして機能するという考え方を、国際政治学者ジョン・ミヤシャイマー（シカゴ大学教授）は、ネオリアリズム理論として理論化している。『トゥキディデスの罠』論は、その意味で米国言論界の主流を形成しています。

しかし本当にそうなのか。理論的にいえば、これは一種の遊び、もしくは「衰退する帝国の言説」だと見ています。

というのも、アリソンの挙げる一六の覇権交代事例を見ていきますと、戦争になったのはすべて一九四五年以前、第二次大戦までの事例なのです。

ところが第二次大戦以降、つまり一九五〇年代以降は、国際政治経済の相互依存関係が急速に深化します。しかも情報革命でカネとモノとヒトの相互依存と相互補完の関係が、かつての五〇％内外から今日、九十数％までいっている。このことは、たとえ覇権交替があっても、もはや戦争はありにくいことを意味しているのです。仮に戦争があるとするならそれは、現存覇権国が、軍事的に脆弱で反撃を受けることのない軍事的に脆弱な途上国に、トマホークをぶち込むといったようなことでしょう。その意味でも米中覇権交代戦争はあり得ない。

実際、前にもふれたように、トランプ政権が誕生したとき、その日の夜にキッシンジャーは北京に飛びました。キッシンジャーは大の中国びいきです。習近平と会談し、米中関係を軸に世界政治は動いていくということで、彼は意思疎通するわけです。トランプはこのように、キッシンジャーを使っているのです。ですから、『トゥキディデスの罠』というのは、学者と言説のお遊び、レトリックにすぎないと私は考えています。

金権政治の驚異的な拡大が招いた民主主義の機能不全

白井　レーガンとトランプの類似性については先ほども述べましたが、その差異という点では、金権政治がここ最近、いかにひどくなってきたかということも挙げられるでしょう。すでに、政治献金は、事実上上限が撤廃されていますね。

進藤　二〇一〇年に撤廃されました。二〇一四年に最終的に、最高裁の判決ですべて撤廃されました。これはもうアメリカの民主主義が機能不全に陥る、究極の仕組みをアメリカが手にしたというふうに思います。

一九九六年、大統領選挙でビル・クリントンが再選されるとき、使った政治献金総額は、六億ドルでした。一ドル一〇〇円として、日本円で六〇〇億円です。ところが二〇一六年の大統領選挙では、これが一〇〇億ドルになるのです。つまり一兆円です。

白井　一兆円とは……狂ってる。

進藤　しかもこれは登録されている表向きの金額です。この背後にはさらにあると見ることもできます。

私はちょうど二〇一五年に、米国市民のシンクタンクの代表ともいえる「パブリック・シティズン」を訪ねました。そこで聞いた選挙戦当時のキーワードが「Wild west is coming」だというのです。西部劇の時代がやってきたと。Wild west、要するに野蛮な西部劇のような時代がやってきたというのです。

白井　もう「札束を使ったなぐり合い」といったところですね。

進藤　そうです。要するに拳銃の代わりにカネと利権が飛び交っていて、お互いの陣営双方に次々と撃ち込まれて相手を落としていく。ものすごくカネまみれで、汚い世界です。そのカネの主要部分はどこに行くかというと、テレビなのです。

私が一九九〇年代にアメリカにいたときのテレビでの選挙戦は、もっと上品でした。ネガティブキャンペーンがわずかにある程度。しかし二〇一〇年の政治献金の上限の撤廃で、テレビ等でのネガティブキャンペーンに多くのカネをかけられ大々的に行われるようになりました。

たとえばヒラリーが大統領選挙中に、テレビキャンペーンで政策を語ったのは二三％しかないのです。トランプは八五％政策を語っています。ヒラリーは残り七七％何を語ったかというと、トランプの非難中傷なのです。「トランプのようなあんな醜い金持ち、大金持ちに、下品な人間に政治を、ホワイトハウスを託せますか」という演説です。「トランプは三回も結婚しているが、私は一回も離婚をしていませんよ」といった類のネガティブキャンペーンです。

だから実は、トランプは政策で勝っているのです。逆に、ヒラリーは政策で負けているんです。政策を語らずしてネガティブキャンペーンに終始していた。

白井 悪口で勝とうとして失敗したということですね。

進藤 そこに莫大なカネを使いました。つまりヒラリーのところには、ウォール街などから巨万の富が来たわけです。

白井 トランプが大統領選でとにかく自慢していたのが、「俺は全部自前のカネでやってるんだ」というところです。それは真実ですね。普通は多くの大統領候補は、「私という人がいます」ということ自体を広めるということにものすごいカネがかかるわけですが、トランプの場合はすでに超有名人だったので、必要なかったのでしょう。

進藤 アメリカに一五〇ヵ所のトランプゴルフ場を持っている。二三のトランプホテルも経営している。

白井　だからそう考えると、少なくともあの選挙においては、トランプは金権じゃないんですよ。しかもなんともアイロニカルなのは、彼を有名にした一つの要素が、テレビのプロレス番組への出演です。アメリカにおけるプロレスはものすごく社会的地位が低いそうで、いわば最下層民の見るもの、最低に下品なエンタメだと認識されているようです。そこにあえて関与するわけですが、その際のやり方も振るっていた。大富豪の対決とかいって、試合会場の天井からドル札を降らせるといった猛烈に下品な演出をトランプはやったそうです。皮肉だというのは、今回の大統領選では、ヒラリーのほうが下品な金権選挙を繰り広げたということです。

進藤　そうなのですね。今回のトランプの登場をジャーナリズムは、ローマ帝国の皇帝ネロにたとえるのです。ネロは、民衆にパンとサーカスを与えておきさえすれば、政権は安定するのだと豪語していたのですが、その手法を、トランプの手法とだぶらせているのです。いまのお話を聞いていて、なるほど、トランプはサーカスも与えていたのですね。それで片方でパンをちらつかせている。

白井　はい。ちなみに、トランプとプロレスの関わりは、トランプ現象とは何なのかを考えるに際して、かなり重要なことだと思います。あの独特の語り口は、プロレスとの関わりで身に着けたものだという説がありますし、下層白人の憤りのエネルギーにじかに接したのもプロレスと関わることによってであったという話もあります。いずれも説得力があります。

巨大な転換期の兆候がすでに見えている

進藤　私が大米帝国の没落と言うと、まだ没落していないじゃないかという反応が出てきます。確かにそんなに簡単に没落するわけではなく、一世紀ぐらいかけて没落していくのです。にもかかわらずその兆候は、すでにはっきりと見えてきています。ポイントは、経済の中心軸が西から東へと移ってきており、それが近代の終わりと重なり合っているということです。

私はそれをユーラシア新世紀と呼んでいますが、なぜこの巨大な世紀の転換期が来ているにもかかわらず、日本はこの波をつかまえようとしないのか。いたずらに中国脅威論を叫び、目の前にある転換期の波を逃しているとしか私には思えません。

近年、中国における日本評価は高くなっています。中国からの観光客は年々増えており、訪日観光客の七割までが中国人となっています。

私も中国に行ってよく感じますが、中国の若者たちは日本に対する親近感や、日本の文化に対する好感を抱いています。空港の売店では、『知日』という雑誌が売られたりもしています。「日本を知る」という意味で、いま、本当に中国人の親日感情は強くなっています。

白井 この前もある留学生と話しましたが、「反日教育は実際に受けました」と言っていました。だから高校時代ぐらいまでは日本というのは憎むべき対象で、嫌いだったというふうに言う若い子は多いですね。しかし、中国からのいまの留学生で共通しているのは、そのような教育を受けていながらも、日本への関心が非常に高く、何かのきっかけで、そんなに悪いところばかりではないと自然に気づいてくれているという点です。だからこそ、あれだけの数の観光客が訪日しているのでしょう。そういう意味で、本当に機は熟しており、あとは踏み出せばいいだけのことなのかもしれません。

進藤 私は先日大連に行きましたが、いまの中国は明治維新のときの日本のように若者の国であると感じました。

前にも紹介しましたが、私が訪ねたのは、社員総数三〇〇人の留学生派遣会社ですが、日本に年間三〇〇〇人もの留学生を送っている。もちろんアメリカやドイツにも送っているのですが、特に日本を中心にしています。日本に対する関心が強くて、距離的にも近く、アメリカ留学では年間八〇〇万円から一〇〇〇万円かかりますが、日本だと一〇分の一で済むからだというのです。

白井　以前は確かに、中国からの留学生にはいろいろと問題がありました。特に経営に行き詰まった私立大学がとにかく定員を充足したいからという理由で、大量に中国人留学生を受け入れたが、その留学生のほとんどが実態としては留学生ではなく、みんな働きに来た出稼ぎ労働者であったということもありました。それで最悪の場合、どこに行ったかわからなくなってしまうというようなトラブルが発生したのです。

しかしそういうトラブルは、中国がまだまだ貧しい時期には起こりがちだったのでしょうが、その状況も刻々と変わってきたと感じますね。

進藤　そうですよ。まったく変わりました。いま、日本のコンビニで働いている中国人はほとんどゼロですよ。それでは誰がコンビニで働いているかといえば、ネパール人やミャンマー人、ベトナム人です。日本に来ている中国人の子どもたちは、富裕層が中心で、平均所得も高くなっていますから、なかには日本の学生よりも豊かな生活をしている人もいる。

何しろいま、中国の中間層は六億人いるといわれています。全人口は一三億七〇〇〇万人です。つまり、日本六個分の中間層ができているわけです。とてつもなく巨大なものです。これが二〇二〇年になると、アジア全域で中間層が一〇億人を超えると予測されています。そういう新しいアジアが登場しているのに、日本人は依然として中国脅威論とか中国崩壊論などを言っている。そんな場合ではない。

白井　われわれの人口が一億二〇〇〇万ぐらいで、それが減っていくだろうという状況ですが、今後、われわれみんなが食べていくためにどうしたらいいかと考えたときに、実は、アジア、特に中国における中間層というものを相手に商売すれば、十分われわれ全員が食っていけるではないかという話に本来なってもいいはずなのでしょう。

三世紀にわたるアングロサクソンによる世界支配の終焉

進藤　トランプは当初、対中貿易赤字の削減をすると言いましたが、すでに引っ込め始めようとしています。なぜなら、中国からの輸入をやめれば、たとえば三ドルで買えたものが五倍になってしまうというのが、いまよく言われていることです。三ドルのものが一五ドルになってしまうのなら、アメリカの消費者にとってマイナスではないかということです。そしていま、アメリカが専ら中国に対してやろうとしているのは武器輸出です。兵器を輸出できるような環境をつくっていくということです。それから投資を呼び込むということで、アメリカ本国に中国企業を呼び込もうとしています。日本のトヨタが新しい工場を、インディアナ州につくったりしているのと同じ発想なのです。

とはいえしかし、アメリカのリベラル派知識人たちの間で言われ始めているのが、「アメリカン・デモクラシー破綻論です。要するにトランプがやろうとしているのは国内的に言えば税金、税の削減。ただどこの税を削減しているのかというと、大企業の税です。三五％を一五％にしようとして、民主党などの反対で二一％になりましたが、それでも大企業はウハウハです。それから軍需産業に対するテコ入れです。シリアを爆撃し、北朝鮮近海に軍を派遣します。要するに危機を煽ることによって、軍需産業が一番儲かるのです。

それからもう一つ、今回のパリ協定で見事に出てきましたが、新しい世界秩序からの脱退の動きです。Brexitが二〇一六年五月、それから六ヵ月後の二〇一六年一一月にトランプが当選し、その六ヵ月後の二〇一七年五月、今度はパリ協定からの離脱表明です。アングロサクソン、英米が世界を支配してきた三世紀にわたる大英帝国と大米帝国の世紀が、完全にこれで終わったことを象徴しているのだと思いました。

それに代わってはっきり目に見えるかたちで登場したのが、二〇一六年に設立発足したＡＩＩＢ、アジアインフラ投資銀行です。発足当時は五七ヵ国しかいなかったのに、いまや八〇ヵ国を超えて、ＡＤＢ参加国を凌駕している。そしてそのインフラの出資先のシナリオが、一帯一路構想です。一方で、ＥＵから東欧、ロシア、中央アジア、中国、アジアと、陸路を中心に結びつく陸のシルクロード。他方で、東南アジア諸国からインド、パキスタンを経てイランやトルコから、北東アフリカやイタリアなど南欧へと至る、海のシルクロード。この陸と海のシルクロード、一帯一路です。このインフラと流通整備を軸にした壮大な戦略構想は、米欧中心の「近代の終わり」を象徴しているといってもよいのではないでしょうか。ポスト近代の道がいま見え始めている。しかもイギリス、アメリカは外れて、そこにドイツや東欧、ロシア、トルコやインドが入る、まさにユーラシア新世紀の時代の到来を告げようとしているのではないかと思います。

こうした状況下で、日本だけが右に行くべきか左に行くべきか、わからずに迷走しているのではないか。新しい世紀が始まり、歴史的転換期が来ているのに、相変わらず日本は、日米安保という永続敗戦構造のなかで、いつまでもアメリカのお小姓として振る舞おうとしている。

米国の著名な国際政治学者で元大統領特別補佐官のブレジンスキーは、世界には三種類の国、同盟国と敵対国、それとプロテクトレイト（進貢国）がある。プロテクトレイトの典型は日本であると、冷戦が終わった四年後の一九九四年に出した本のなかで書いています。あれからもう一〇年以上経ちましたが、進貢国としての日本の役割は、ますますはっきり表れてきています。それなのに、その現実を自覚しない外務省や経産省のトップ官僚たちが、その手段として、米国が推進したＴＰＰを進め、米国軍に支援する安保法制や反テロ法としての共謀罪などを打ち出してきている。

白井　ブレジンスキーは九四年の段階で、早くもそう言っていたのですか。

進藤　そうです。冷戦が終わって、ブレジンスキーはユーラシア戦略というのを描くわけです。おもしろいことに、その主軸はウクライナなのです。ウクライナを軸にしてユーラシアを、アメリカが支配するのだと考えます。だからウクライナの二〇〇四年から五年にかけての政変は、まさに湾岸戦争、反テロ戦争の延長上に彼らアメリカのエリートたちがCSISを中心に描いていた戦略の中核です。そしてG7、G8からロシアを放逐して、ウクライナを軸にNATOを東方拡大させ、そしてユーラシアから中東に至る資源エネルギーの宝庫を占拠するという戦略です。

白井　おっかないなと思うのは、ロシア人のものの考え方というのを理解したうえでそれをやっているのか、それとも理解していないからそういうことをやるのか、どっちなんでしょうか。

進藤　ブレジンスキーのロシア・コンプレックスの表れなのです。彼はポーランド人です。ポーランドは三世紀にわたって、ロシアに徹底して痛めつけられた国ですから。

白井　ポーランド人だから反露だというのは非常によくわかるのですが、ウクライナはその点はとても複雑なところです。ロシアはウクライナを絶対に手放そうとはしないということは明らかでしょう。

進藤　特にウクライナの東部に関しては、もうロシアですからね。たとえばフルシチョフはウクライナ出身ですよ。クリミア半島南端には、クリミア戦争以来のロシアの海軍基地セバストポリ軍港がある。ただ問題は、そういったブレジンスキー流の考え方、つまりNATOを東方に拡大しながら、東方では日、韓、比、インド、タイ、豪州を入れて米国主導の軍事同盟を拡大していくという考えは、ソ連崩壊後の世界をアメリカ帝国パート２の世界に格上げしていくというネオコン流の考えに通じ、それ自体、米国ワシントンのエスタブリッシュメントの間ではコンセンサスがあるのです。そのなかで東アジアに関して言えば、例のジャパノロジスト、日本専門家、いわゆるジャパンゴロたち、五人プラス十何人が、日米の御用学者として、日米間で巧妙に立ち回ってカネを儲け、献策しているという状況じゃないでしょうか。

トランプを叩くメディアが、トランプを生んだのだ

進藤　現在のトランプとメディアの対立関係というのも、まったく特殊なものでしょう。結局、いまのアメリカの主流派メディアがエスタブリッシュメントの一部を構成しているわけです。だから例のティーパーティの連中が何を主張しているかというと、要するにエスタブリッシュメントの一部である、ニューヨーク・タイムズ、ワシントン・ポストに代表されるアメリカの主流メディアをわれわれは信用しないということです。これは相当根深いものがあります。

白井　もともと戦場カメラマンをやっていた人ですが、クリス・ヘッジズという人が、『Death of the Liberal Class』という本を二〇一一年に刊行し、かなり話題になりました。確かこれはオバマ政権のときに出てよく読まれたと記憶していますが、アメリカのジャーナリズムや政治の世界に対する痛烈な批判本です。要するにリベラルと自称している連中

がいかにクソ役立たずかという話をしています。ヘッジズにおいては、リベラルの反対概念は何かというと、コンサバではなくて、ラディカルズなのです。いわく、ラディカルズを、リベラルが牛耳るアメリカのメディアもアカデミズムも許容してこなかった。彼らが細々と存在することは許しても、大手を振って表に絶対に出てこないようにしていたと。

だから、たとえばラディカルズの代表的な存在としてはノーム・チョムスキーがいますね。彼はまさに政治的ラディカルの典型であって、日本では随分翻訳も出ていてそれなりに有名だと思いますが、たぶんアメリカではほとんど知られていないというようなアンバランスな状態が起こります。その帰結がブッシュ政権のあの暴力的な政治なのだ、ああいうものに対する実効的なブレーキになる存在、社会的存在は何もないではないか、というのがヘッジズが告発していたことです。

だから、リベラルとコンサバは、ラディカルズを排除することにおいて共闘しており、同じ穴の狢《むじな》なのです。民主党と共和党に本質的な差異がないということと同じですね。これはアメリカの構造的な病理だということをヘッジズは言っている。

その一つの帰結がトランプ政権だと言えるでしょう。リベラルとコンサバの両者とももうウンザリだというメッセージが突きつけられた。そういうなかで、リベラルは本質的な自己反省をしているのだろうか、疑問です。選挙のとき、リベラルを標榜するメディアはトランプを批判するわけだけれども、すればするほど逆にトランプのほうが正しいのではないかというイメージを広げる結果になった。それほどまでにメディアが嫌悪されている。トランプ当選後の反応を見るに、アメリカのメディアはそのことの自覚をしているのか、まことに疑問ですね。

進藤 ラディカルを排除するということは、要するに時代の転換期を読むことのできない知性だと思うのです。つまりラディカル的な視座がなければ、時代の転換期、世紀の転換期は読めないです。なぜなら根本的に主軸が動き始めているわけですから。

オリバー・ストーンがヒラリーは大嫌いで、トランプを支持しますが、なぜオリバー・ストーンが彼を支持するのか。それはもう、ハリウッドがエスタブリッシュメントの一部になってしまっているからでしょう。オリバー・ストーンがスノーデンの映画をつくるとき、これまでの映画と違い、エスタブリッシュメントを告発した内容の映画ですから、経済界から基金がまったく集まらず、自主制作のような状況になってしまいます。

日本のメディアも同じようなものだと思います。これだけ時代の転換期に来ているのに、そのようなラディカルな主張がないのです。みんな日米基軸論ばかり。『日米同盟を超えて』なんていう本を企画しても、絶対売れないと言われて、メディアも取り上げてくれそうもない。しかし、本当は日米同盟を超えなければ、日本の二一世紀は見えてこないのです。

トランプ政権の登場で、まさにアメリカ社会におけるメディアの役割は問い直されていると言ってもいいと思います。メディアの新しい役割、あるいは知性、知の役割が問い直されています。反対知をどうメディアのなかに取り込むかという許容性も、そこに求められているのではないでしょうか。

北朝鮮問題解決に必要なアジア的な知恵とは

進藤　北朝鮮情勢は依然、緊張状態にありますが、韓国の文在寅政権が今後、金大中政権に類似した南北協調路線へと結局は、ゆっくりとではありますが転換していくだろうと見ています。平昌オリンピックでの南北チーム共同入場が象徴しているように、ケソン工業団地の再開といった動きが次第に始まるのではないか。

朝鮮問題というのは内側から、共存体制、共生体制へと移行していかざるを得ないだろうというふうに見ています。しかも中国もロシアも北朝鮮の背後にいますから、制裁が機能するということはないでしょう。

もともと制裁が機能したことなどこれまでないのです。繰り返し強調しますが、キューバも機能しませんでしたし、トランプ政権下の二〇一七年に始まるカタール制裁もいまだ機能していません。

ですからここで必要なのは、アジア的知恵なのです。アジアでは経済制裁はしてきていません。ミャンマーに対しても制裁していません。アジアの考え方は、制裁ではなく社会化なのです。押し付けて体制を変えたり、修正したりするような手法ではなく、こちらに引き入れて、そして社会化をするという考え方です。幼児が少年になり、少年が青年になるのと同じように、社会化していく。ともに歩いていくというやり方です。

だからミャンマーにはそのように対していますし、フィリピンやインドネシアだって以前は独裁でしたが、いま、すべてそれなりのかたちで民主化されているではないですか。

これはアジア的知恵なのです。白か黒かという考え方、アメリカニズムとは違ったアジア的な考え方であり、こういった思想を、われわれ日本人も、もう一度学び直す必要があるのではないかと思います。

それとこれからのユーラシア新世紀、一帯一路のよさ、面白さというのは、そこにヨーロッパが主軸として入ってきたということだと考えています。欧亜の連携が深まっていこうとしているのです。

これからはアメリカではなく、欧亜の時代なのです。ですから私は、「連欧連亜」という言葉を使います。ヨーロッパは社民主義の価値観をもった国です。マクロンも社民主義的価値観をもっていますし、ドイツのメルケル政権もそうです。そういったヨーロッパ的な価値観がアジアに入ってくるということは、世界構造の大きな変化のなかで、私たちがあらためてヨーロッパの知恵を学び取る非常にいいチャンスが来ているといえるでしょう。

白井 そうですね。北朝鮮問題にしても、ソフトランディングしかあり得ないという合意が国際的にはかなり固まってきたのではないかと思います。拉致事件の発生も含め、常軌を逸した体制であるという側面を、どうやって解きほぐしていくのか、知恵が問われているのだと思います。朝鮮戦争が休戦状態にとどまっている、つまり戦争が続いている限り、核兵器を彼らが手放すことはないし、軍国主義体制をやめることもないでしょう。逆に言えば、戦争を終結させることができれば、まったく違った展望が開け得るということでもあります。永久の戦時体制のごときものをやめれば、他国と深くつながった発展の道が開け得るわけですね。

終章

破綻した政権と国民

白井　聡

取り入りの果ての侮蔑と憎悪

対談を終えてこのまとめの文章を書いているいまも、国際情勢は激変を続けており、何を書けば「これは確実」と言えるのか、きわめて難しい状況にあります。この終章では、序章での進藤榮一先生の問題提起と対談の内容を受けて、トランプ政権誕生が日本の文脈にとってどのような意味を持つのか、また安倍政権の対露交渉における路線破綻について、考えてみたいと思います。

トランプ政権が生まれるにあたって、日本の政府首脳がどのような対応をしていたか、時系列に沿って思い出してみましょう。二〇一六年九月、安倍晋三首相は訪米の機会をとらえて、ヒラリー・クリントン候補のもとを訪れ、その際の会見の模様は、詳しく報道されました。喧伝された、と言ってもよいでしょう。ところが、そのとき、安倍首相はトランプ氏のもとへは行きませんでした。

そして、まさかのトランプ大統領誕生。ある報道によれば、安倍晋三氏は「話が違うじゃないか！」と腹立ちまぎれに外務官僚を怒鳴りつけたそうです。そこで安倍氏は、金のゴルフクラブを携えて、すぐにトランプ氏のもとへ飛んで行き、ニューヨークのトランプタワーで会談します。世界で一番乗りに、「大統領予定者としてのドナルド・トランプ」と話をした国家指導者となったわけです。これに対しては、オバマ大統領が不快感をあらわにしました。

翌二〇一七年の二月には、トランプ氏の所有するフロリダ州のリゾート施設「マール・ア・ラーゴ」へと安倍氏が招かれ、二人は共にゴルフを楽しんだと報道されました。この間、トランプ氏が大統領選挙期間中に口にしていた「在日米軍の撤退を含む見直し」は、撤回される一方、「TPPからの離脱」は実行されました。ここまでのところでは、日本政府の目論見は、半分は達成され、半分は実現できなかったと言えます。

そしてその後、北朝鮮による核兵器と弾道ミサイル開発の問題が一気に緊迫の度を加えます。米朝指導者間の罵倒合戦に続いて、九月一九日の国連での演説にて、トランプ大統領は「北朝鮮の完全な破壊」の可能性を口にして、世界をどよめかせます。多方面から非難の声が上がるなか、世界各国の指導者で唯一、「米国の方針を全面的に支持する」と態度表明したのは、安倍晋三氏でした。

一一月には、トランプ大統領が横田基地経由で来日しました。その直前には娘のイヴァンカ・トランプ氏も来日しましたが、どちらの人物に関してもテレビ報道がもっぱら伝えたのは、会食がどこで行われたのか、そのメニューは何だったのか、レストランのどのテーブルに座ったのか、といったことでした。安倍氏とトランプ氏はまたもゴルフに興じ、バンカーにボールを落とした安倍氏がトランプ氏に追いすがって、後ろ向きにバンカーを転がり落ちたシーンは、あまりにも鮮烈でした。

そして年が明け、二月に韓国平昌にてオリンピックが始まる前後から、緊迫していた朝鮮半島情勢が一挙に変化し始めます。南北対話が始まるなかで、トランプ政権は早期の米朝直接対話を決断します。そしてこの間、「対話のための対話は不要」「さらなる圧力を」「諸国は北朝鮮と断行すべき」といった見解を盛んに流すことで、アメリカの圧力強化、強硬路線を宣布する役割を進んで担ってきた日本政府には一切の相談なしに、この決定は下されました。

このように朝鮮半島をめぐる情勢が激変する最中に、トランプ大統領は、貿易赤字削減を目指し、鉄鋼とアルミニウムの輸入に対して、二五％の追加関税をかけることを発表しました。しかも、韓国、ＥＵ、メキシコ、カナダ、オーストラリア等がこの決定の適用除外に指定される一方、この決定を発表する際には、「安倍晋三首相と話をすると、ほほ笑んでいる。『こんなに長い間、米国を出し抜くことができたとは信じられない』という笑みだ」と述べ、世界で唯一、安倍晋三氏を名指ししたのでした。

しかし、ここまでの経過を丹念に見てみれば、トランプ氏の安倍氏へのこうした仕打ちは、不可解なものに見えるでしょうか。私が思うに、まったく不可解ではありません。要するに、トランプ氏は安倍氏を軽蔑し憎悪しているのかもしれませんが、そうするだけの理由は十分にあるからです。ここまでの安倍氏の振る舞いは、まさに「インテグリティ」を欠いたものであり、矢部宏治氏いわく、「インテグリティを欠いていること」は、アメリカ人にとって人間として最も低劣なことにほかならないからです。

日本の主流派が奉じる「日米同盟基軸」の将来がどのようなものとなるのか、ここからも明らかではないでしょうか。それは伏在していたものが表に出るということにすぎないのでもありますが、「友情と敬意」のオブラートの下に岩盤のように横たわる軽蔑の感情が、今後ますます目につくようになるでしょう。

対露外交の破綻

そしてまた、時を同じくして、対露外交も破綻しました。安倍氏は、第一次政権当時のものも含めると合計で二〇回（二〇一七年一一月時点）もプーチン大統領と会談しており、両人とも「われわれの時代に領土問題を解決し、平和友好条約を締結する」ことへの意欲を表明してきました。しかしながら、対談でも触れたように、一時は強い期待感を漂わせた二〇一六年一二月のプーチン訪日でも領土問題における前進は一切見られず、訪日直前と訪日時のプーチン氏のコメントは、一向に主体性を発揮しないどころか主体性を持つことから逃避し続ける日本の振る舞いに対する苛立ちを感じさせるものでした。

そもそも、私から見て、安倍氏の対露関係改善（北方領土問題の根本解決に基づく）への取り組みは、不可解なものでした。というのは、安倍氏は、クリミヤ半島問題やウクライナ問題に関しての、アメリカからの「ロシアを包囲して敵視せよ」という呼び掛けに同調せず、それなりの自主性を発揮してきました。また、前述のように、回数において突出した首脳会談の機会をプーチン氏との間で持ってきました。とすれば、両首脳から出された北方領土問題の解決への意欲の表明は、確かに真剣さを感じさせるものであり、また、『永続敗戦論』で取り上げたように、この問題はおおよそ「国後・択捉は諦める」という基本線に沿ってしか解決され得ない以上、保守層からの支持が厚い安倍政権こそ、国民の失望と憤激を招きかねない譲歩の決断を担ってほしいと思ったのです。

しかしながら他方で、永続敗戦レジームの本質が純化された結晶のごとき安倍政権がこの決断を下せるわけがない、とも感じざるを得なかったのです。国後・択捉両島に対して日本が領有を要求する道理はない、という日本の外交当局と親米保守政権が一般国民に対してひた隠しにしてきた事実を直視するとは、あの敗戦の結果を直視することにほかならないからです。「ポツダム宣言を詳しく読んだことがない」と国会で答弁した、永続敗戦レジームの原理である「敗戦の否認」の権化のような安倍晋三氏が、このことを実行するというのは、想像困難でした。それゆえ、一方での「本気」の姿勢と、根本的な実行不可能性との間で、安倍―プーチン交渉がどうなるのか、私は注目していました。

そして本年四月に明らかになったロシアの新しい動きは、結論を明らかにしたものと思われます。報じられたところによれば、ロシアは色丹島での発電所の建設を進めることを決めました。

この決定は、ロシア側の重大な態度変更を示唆するものです。なぜなら、これまでにもロシアは北方領土での種々の開発を進めてきましたが、それらはいずれも国後・択捉におけるものであり、歯舞・色丹には開発の手を伸ばしてきませんでした。これは、この領土問題において「解決は日ソ共同宣言がベースになる」というロシアが繰り返し確認してきた原則と対応しています。つまり、ロシア側から見て「日ソ共同宣言の内容に従い、国後・択捉は我らの領土であるが、歯舞・色丹はいずれ返すべきものである」から、前者では開発を進めるが後者は手つかずにしておく、ということです。

この原則が、今回変更されたのです。しかも、色丹島での開発のパートナーは、あろうことか米国企業であるとされています。これまで日本は、「ダレスの恫喝」による呪縛に始まり、アメリカへの遠慮から北方領土問題を解決できないままいたずらに時間を空費してきたのです。したがって、今回明らかになった事態は、もう滑稽を通り越しています。

この最悪の結果から、これまで安倍氏がどのような展望を持ってプーチン氏と領土問題についての交渉をしてきたのかが浮かび上がってきます。要するに、安倍氏には、この問題についての確固たる見識は何もなかったのです。まともな見識に基づく交渉が行われる代わりに、安倍氏はプーチン氏をファーストネームで呼ぶなど、特別に親密な関係が存在することが盛んにアピールされ、まさにこの特別な関係によって問題が解決に向かうかのような演出がされてきました。

いま証明されたのは、このような関係はそもそも存在しなかった、あるいは仮に存在したとしても問題解決にとって何の意味もなかったということでした。安倍氏の主観的願望としては、日本の首相がしばしばアメリカの大統領に対してやってきて、自らもその先例に倣っているところの、「指導者同士の親密な関係」によって両国間の問題を解決する（かのように見せかける）戦術が、プーチン氏に対しても通用するはずだ、ということだったのでしょう。しかし、現実には、プーチン・ロシアは、日ソ共同宣言の内容さえも履行する気が失せたことを示唆する、ソ連崩壊後の期間における最強硬の姿勢に転じたのですから、安倍氏の「戦術」は、悲惨な失敗に終わりました。プーチン氏は、安倍氏の望む「仲良しごっこ」につき合ってみせることが、アメリカがそうしてきたように、自国の利益につながることをよく認識していたのかもしれません。

現代日本の鏡としての安倍政権

以上から、安倍政権が長期政権化した結果、国際政治的な次元で、日本はどう見られるようになったと考えるべきでしょうか。端的に言って、深く侮蔑され、愚弄されるようになったということでしょう。そして、実際にそれに値することを認めざるを得ません。

しかも、こうした重大事態が展開している間に、国内ではいわゆる「モリカケ問題」が湧き上がっています。森友学園問題も、加計学園問題も、それ自体としては矮小なスキャンダルです。過去のロッキード事件やリクルート事件などに比べると、所詮は首相の個人的人脈に基づくネポティズムによって起きたにすぎません。

しかし、これらのくだらない利益誘導を安倍夫妻が行ったことが行政機構に対して与えた影響は甚大でした。安倍氏の国会での虚言・放言の辻褄を合わせるために、官僚は虚偽答弁を連発し、公文書の改竄に手を染め、ついには自ら命を絶つ者まで出してしまいました。

森友学園問題が表面化してから、すでに一年以上が経っています。本来ならば、安倍氏が「もし自分が、あるいは妻が、本件に関わっていたならば、総理大臣も国会議員も辞める」と大見得を切った時点でゲームは終了していたのでした。にもかかわらず、権力への執着から、臨時国会の実質的不開催という憲法違反、強引な衆議院の解散、内閣改造など、あらゆる手段を使って、安倍氏は逃げ続けてきました。その間、官僚組織は隠蔽のために大変なエネルギーを費やし、追及する側も、野党議員はもちろんのこと、メディア関係者を中心に、この問題の究明のために大量のエネルギーを費やしてきました。これらのエネルギーは、この問題がなければ、あるいは長引かなければ、他のもっと有益なことに用いられることができました。この点からしても、安倍晋三氏は、日本の国家と社会、国民に対して深刻な犯罪行為を働いたと言えます。

しかも同時に、防衛省・自衛隊におけるＰＫＯ派遣日報隠蔽問題までもが、発生しました。つまるところ、日本政府の行政機能の正統性は崩壊したと言えます。行政府の統括者たる安倍政権は、将棋に喩えるならば、何度もすでに詰んでいるにもかかわらず、「勝負は終わっていない」と強弁し、ついには盤面をひっくり返して「負けてないもん」と泣き叫んでいる子どものごとき状態にあります。

しかし、最大の問題は、この政権がこれらすべてにもかかわらず、まだ維持されているという事実です。政権支持率も低下してきたとはいえ、四〇％近い数字をマークしています。この無能かつ不正で腐敗した政権を、国民は相対的に支持しているのです。政権と同程度に国民総体が劣化していると言わざるを得ません。要するに、安倍政権とは、いまの日本国民の水準に見合った政権であるのでしょう。

対談のなかでは、安倍政権のごとき悲惨な政権が終わった後に日本が進むべき道が、さまざまな角度から提起されました。しかしながら、安倍政権が倒れたからといって、即座にそのような合理的な転換ができるとは、私には到底思えません。なぜなら、安倍政権が去っても、そこにはそれを長らく支持してきた、安倍政権と同様に、無能かつ不正で腐敗した国民が残るからです。

ゆえに、私たちが示した、あり得べき合理的な進路への転轍《てんてつ》が、困難なくなされることはないと私は考えます。その困難が、どれほどの水準の不幸にまで達するかは、わかりません。しかし、そのような困難を不可避的に招き寄せる状態にある日本社会の現状を直視し、それをはっきりと指摘することが、今日の知識人の責務である、と私は考えます。

もちろん、状況が困難だからといって、希望は一切ないということではありません。この無惨きわまる五年の間、私たちは尊重すべき事実を知ったのではないでしょうか。実に、この社会をまともにしようと強く願い、政権を批判したり、情報提供者になったりするリスクを負ってきたのは、闘う個人でした。あるいは、そのような個人を多数内包する組織だけが、この五年間を闘い抜いてきました。そのような個人が、まだこの社会にいることは、希望の本来的な源泉です。そしてまた、こうした健全な知性と本能、リスクをとる勇気を持つ人々の数を増やしていくことにしか、本当の意味での希望はない、私はそう思います。

詩想社新書

詩想社新書発刊に際して

詩想社は平成二十六年二月、「共感」を経営理念に据え創業しました。なぜ人は生きるのかを考えるとき、その答えは千差万別ですが、私たちはその問いに対し、「たった一人の人間が、別の誰かと共感するためである」と考えています。

人は一人であるからこそ、実は一人ではない。そこに深い共感が生まれる――これは、作家・国木田独歩の作品に通底する主題であり、作者の信条でもあります。

私たちも、そのような根源的な部分から発せられる深い共感を求めて出版活動をしてまいります。独歩の短編作品題名から、小社社名を詩想社としたのもそのような思いからです。

くしくもこの時代に生まれ、ともに生きる人々の共感を形づくっていくことを目指して、詩想社新書をここに創刊します。

平成二十六年

詩想社

進藤榮一（しんどう　えいいち）

北海道生まれ。1963年京都大学法学部卒業。同大学大学院法学研究科博士課程修了。法学博士。筑波大学教授、ハーバード大学、プリンストン大学などの上級研究員、早稲田大学アジア研究機構客員教授などを歴任。現在、筑波大学名誉教授、アジア連合大学院機構理事長。専門はアメリカ外交、国際政治経済学。主な著書に、『アジア力の世紀』『分割された領土』（ともに岩波書店）、『東アジア共同体をどうつくるか』（筑摩書房）、『現代アメリカ外交序説』（創文社、吉田茂賞受賞）、『アメリカ帝国の終焉』（講談社）などがある。

白井聡（しらい　さとし）

1977年、東京都生まれ。早稲田大学政治経済学部政治学科卒業、一橋大学大学院社会学研究科博士後期課程単位修得退学。博士（社会学）。専門は政治学、社会思想。文化学園大学助教等を経て、現在、京都精華大学人文学部専任講師。著書『永続敗戦論』（太田出版）はベストセラーとなり、石橋湛山賞、角川財団学芸賞を受賞。そのほか、『増補新版　「物質」の蜂起をめざして』（作品社）、『誰がこの国を動かしているのか』（詩想社　鳩山友紀夫、木村朗との共著）、『国体論』（集英社）などの著書がある。

詩想社
— 新書 —

22

「日米基軸」幻想

2018年6月23日　第1刷発行

著　　者　進藤榮一　白井聡
発 行 人　金田一一美
発 行 所　株式会社 詩想社
〒151-0073　東京都渋谷区笹塚1―57―5 松吉ビル302
TEL.03-3299-7820　FAX.03-3299-7825
E-mail info@shisosha.com

D T P　株式会社 キャップス
印 刷 所　株式会社 恵友社
製 本 所　株式会社 川島製本所

ISBN978-4-908170-03-4

詩想社新書

10

資本主義の終焉、その先の世界

榊原英資
水野和夫

大反響4刷!「より速く、より遠くに、より合理的に」が限界を迎えた私たちの社会。先進国の大半で利子率革命が進展し、終局を迎えた資本主義の先を、反リフレ派の二人が読み解く。

本体920円+税

12

誰がこの国を動かしているのか

鳩山友紀夫
白井　聡
木村　朗

元・総理が、この国のタブーをここまで明かした! 総理でさえままならない「対米従属」というこの国の根深い構造とともに、鳩山政権崩壊の真相を暴き、「戦後レジーム」からの真の脱却、真の独立を説く。

本体920円+税

18

「高齢者差別」この愚かな社会

和田秀樹

財政ひっ迫から、高齢ドライバーの事故まで、様々な社会問題の責任を不当に負わされ、特養不足は放置され、認知症、寝たきりへの偏見は蔓延し、医療現場ではその命さえ軽視されつつある「嫌老社会」に警鐘を鳴らす。

本体920円+税

20

権力者とメディアが対立する新時代

マーティン・ファクラー

特定メディアへの敵意をむき出しにするトランプ、安倍…権力者とメディアの闘いの最前線と、新メディア乱立でフェイクニュースがあふれる時代のメディアリテラシーをニューヨーク・タイムズ前東京支局長が説く。

本体920円+税